Κώστας Πικραμένος

Τα Διπλωματικά Έγγραφα για την Τουρκία

ΗΠΑ – ΙΣΡΑΗΛ

Vs

Γκιουλέν, Νταβούτογλου, Γκιούλ

Εταιρία Ελληνο-Γαλλικής Φιλίας & Συνεργασίας

Περιεχόμενα

Πρόλογος...

Τι είναι wikileaks;..

Αντιδράσεις..

Επεξήγηση όρων...

Τα διπλωματικά έγγραφα (Μέρος 1ο)...

Τα διπλωματικά έγγραφα (Μέρος 2ο)...

Η εξωτερική πολιτική του ΑΚΡ...

Το ΑΚΡ και τα Ισλαμικά Τάγματα..

Οι Ισλαμικές Επιχειρηματικές Ενώσεις...

Εργκενεκόν και σχέδια πραξικοπήματος..

Οι σχέσεις με το Ιράν..

Επίλογος...

Εταιρία Ελληνο-Γαλλικής Φιλίας & Συνεργασίας

Πρόλογος

Η διαρροή διπλωματικών εγγράφων από την ιστοσελίδα Wikileaks ξεκίνησε στις 28 Νοεμβρίου 2010. Μέχρι σήμερα περισσότερα από 3 χιλιάδες έγγραφα έχουν δει το φως της δημοσιότητας. Η διαρροή των 250 χιλιάδων εγγράφων που επικαλείται ότι κατέχει η ιστοσελίδα Wikileaks τα οποία συνέταξαν Αμερικανικοί διπλωμάτες (το διάστημα 1966 – 2010) θα αλλάξει άρδην τις διπλωματικές σχέσεις και τις κρατικές δομές συλλογής και επεξεργασίας πληροφοριών.

Πολιτικοί, ακαδημαϊκοί, διπλωμάτες, στρατιωτικοί, δημοσιογράφοι και αναλυτές έχουν βρεθεί ενώπιον μίας βάσης δεδομένων την οποία καμία Υπηρεσία Πληροφοριών δεν θα μπορούσε να κατέχει. Ενώ πολλοί υποστήριξαν ότι τα έγγραφα του Wikileaks στερούνται στρατηγικής αξίας και ότι περιγράφουν καταστάσεις και γεγονότα που ήταν ήδη γνωστά στους «παροικούντες τη Ιερουσαλήμ» η πραγματικότητα είναι τελείως διαφορετική.

Με τους υφιστάμενους ρυθμούς διαρροής διπλωματικών εγγράφων (περίπου 15 έγγραφα την ημέρα) θα χρειαστούν 10 χρόνια προκειμένου να δημοσιευτεί το σύνολο αυτών. Η συλλογή πληροφοριών πέρασε σε μία νέα εποχή χάρη στις διαρροές διπλωματικών εγγράφων από την ιστοσελίδα Wikileaks. Με την σημερινή ταχύτητα ροής πληροφοριών, ο κίνδυνος διαρροής έχει αυξηθεί οδηγώντας τις Υπηρεσίες Πληροφοριών σε αύξηση των αντιμέτρων ασφαλείας και αναδιοργάνωση των υφιστάμενων δομών.

Αναδιοργάνωση Υπηρεσιών Πληροφοριών

Κατά τη διάρκεια του Ψυχρού Πολέμου οι Υπηρεσίες Πληροφοριών και οι κάθε είδους πράκτορες είχαν μετατραπεί τρόπον τινά σε «κράτος εν κράτει». Αντί να λειτουργούν υπέρ και εντός του κράτους που υπηρετούσαν, λειτουργούσαν σε μεγάλο βαθμό για το δικό τους συντεχνιακό συμφέρον και στα όρια της νομιμότητας. Από τη δεκαετία του 1990, οι Υπηρεσίες Πληροφοριών έχασαν το γόητρο που απολάμβαναν για 40 χρόνια και σήμερα γίνονται προσπάθειες να ανακτήσουν την χαμένη τους δόξα. Η προτεραιότητα τους δεν είναι η ανακατάληψη του κράτους αλλά η κρατική χρηματοδότηση που θα τους επιτρέψει τη σταδιακή μετατροπή τους σε «κράτος εν κράτει».

Χώρες όπως η Κίνα, η Γερμανία, η Ρωσία και η Τουρκία αύξησαν τις δραστηριότητες συλλογής πληροφοριών σε όλο τον κόσμο. Η Τουρκία ξεκίνησε νέες δραστηριότητες στις Τουρκόφωνες Δημοκρατίες της Κεντρικής Ασίας. Η ΜΙΤ που βρίσκεται υπό την επιρροή της CIA, έχει διαχωρίσει τις δομές εσωτερικής και εξωτερικής συλλογής πληροφοριών και η νέα δομή της είναι προσανατολισμένη στο εξωτερικό. Το σλόγκαν « Ο Τουρκικός Κόσμος από την Αδριατική εώς το Σινικό Τοίχος» γίνεται ρεαλιστικό μετά από 20 χρόνια συζητήσεων.

Η αυξανόμενη επιρροή της Τουρκίας στη Μέση Ανατολή έχει διευκολύνει το έργο των πρακτόρων της ΜΙΤ στις διάφορες πρωτεύουσες των αραβικών κρατών. Πριν από 10 χρόνια οι Τούρκοι πράκτορες ήταν υπό στενή παρακολούθηση και ενόχληση σε χώρες όπως το Ιράκ, ο Λίβανος, η Ιορδανία ή η Συρία. Σήμερα οι αρχές ασφαλείας δείχνουν μεγάλη ανοχή στις επιχειρήσεις της ΜΙΤ στην ευρύτερη περιοχή.

Η αμηχανία των ΗΠΑ

Το State Department έχει αναγνωρίσει ότι χιλιάδες διπλωματικά έγγραφα έχουν διαρρεύσει. Προκειμένου το Αμερικανικό Υπουργείο Εξωτερικών να εμποδίσει τη διαρροή ή να ελέγξει τη ζημιά που θα προκληθεί θα πρέπει να επιλέξει μεταξύ διαφόρων λύσεων α) Παρεμπόδιση πρόσβασης στις ιστοσελίδες της Wikileaks β) Οικονομικό πόλεμο στη Wikileaks, γ) Δολοφονία ή φυλάκιση του Julien Assange, δ) Εξαγορά μελών της Wikileaks.

Πολλές χώρες, εκατοντάδες πολιτικοί και πληροφοριοδότες κατονομάζονται ή «φωτογραφίζονται» στα υπό διαρροή έγγραφα. Οι Αμερικανικές αρχές και οι Αμερικανικές μυστικές υπηρεσίες προσπαθούν να μετατρέψουν την αναπόφευκτη διαρροή εγγράφων σε ωφέλεια για αυτούς. Η Ουάσιγκτον προετοιμάζεται να χρησιμοποιήσει τις πληροφορίες από τα υπό διαρροή έγγραφα με τον καλύτερο δυνατό τρόπο προκειμένου να εξυπηρετηθούν τα στρατηγικά της συμφέροντα.

Μετά το «σοκ και δέος» που προκάλεσε η ιστοσελίδα Wikileaks, το ντόμινο ανατροπών των αραβικών αυταρχικών καθεστώτων αποτελεί μία ανέλπιστη εξέλιξη για τους αναλυτές του State Department οι οποίοι καλούνται να διαχειριστούν ταυτόχρονα δύο πολύπλοκες καταστάσεις. Η άνοδος της Κίνας στη δεύτερη θέση των πιο παραγωγικών κρατών του Κόσμου ενισχύσει την πεποίθηση ότι ο 21^{ος} αιώνας ανήκει στην Ασία και οι μέχρι σήμερα παγκόσμιοι παίκτες θα πρέπει να διαχειριστούν με τις μικρότερες συνέπειες την περίοδο της Pax Asiatica.

Τι είναι το Wikileaks;

WikiLeaks καλείται ένας διεθνής μη κερδοσκοπικός οργανισμός ο οποίος δημοσιεύει έγγραφα από ανώνυμες πηγές και διαρροές που υπό άλλες συνθήκες δεν θα έβλεπαν το φως της δημοσιότητας. Τον ιστότοπο του οργανισμού, ο οποίος και ξεκίνησε τη λειτουργία του το 2006, διαχειρίζεται η εταιρία «The Sunshine Press». Μέσα στον πρώτο χρόνο λειτουργίας του, ο ιστότοπος ανακοίνωσε πως η βάση δεδομένων του συμπεριλάμβανε περισσότερα από 1,2 εκατομμύρια έγγραφα.

Το Wikileaks αυτοπεριγράφεται ως «πνευματικό παιδί» Κινέζων αντιφρονούντων καθώς και δημοσιογράφων, μαθηματικών και εταιρείων πληροφορικής από τις Η.Π.Α., την Ταϊβάν, την Ευρώπη, την Αυστραλία και τη Νότια Αφρική. Δημοσιεύματα εφημερίδων και το περιοδικό «The New Yorker» παρουσιάζουν ως ιδρυτή του οργανισμού τον Τζούλιαν Ασάντζ (Julian Assange), έναν Αυστραλό δημοσιογράφο και ακτιβιστή του Διαδικτύου.

Το WikiLeaks έχει κερδίσει ένα σύνολο βραβείων, ανάμεσα στα οποία το Βραβείο Νέου Μέσου (New Media Award) του έγκριτου οικονομικού περιοδικού «The Economist» για το έτος 2008. Τον Ιούνιο του 2009, το WikiLeaks και ο Τζούλιαν Ασάντζ βραβεύτηκαν από τη Διεθνή Αμνηστία με το UK Media Award (στην κατηγορία «Νέο Μέσο») για τη δημοσίευση το 2008 του κειμένου «Κένυα: Η Κραυγή του Αίματος – Εξώδικες δολοφονίες και εξαφανίσεις » («Kenya: The Cry of Blood – Extra Judicial Killings and Disappearances»), μια έρευνα της Εθνικής Επιτροπής της Κένυας για τα Ανθρώπινα Δικαιώματα (Kenya National Commission on Human Rights). Το Μάιο του 2010, η «New York Daily News» κατέταξε το WikiLeaks πρώτο στη λίστα των ιστοσελίδων που θα μπορούσαν να αλλάξουν εντελώς την ειδησεογραφία.

Τον Απρίλιο του 2010, το WikiLeaks δημοσίευσε βίντεο από ένα περιστατικό του 2007 όπου Ιρακινοί άμαχοι πολίτες δολοφονήθηκαν από Αμερικανούς στρατιώτες. Τον Ιούλιο του ίδιου έτους, το WikiLeaks δημοσίευσε το «Ημερολόγιο του Πολέμου στο Αφγανιστάν» («Afghan War Diary»), μια συλλογή περισσότερων από 76.900 εγγράφων σχετικά με τον Πόλεμο στο Αφγανιστάν τα οποία μέχρι τότε δεν ήταν διαθέσιμα στο ευρύ κοινό. Τον Οκτώβριο η ομάδα του Wikileaks δημοσίευσε ένα πακέτο περίπου 400.000 εγγράφων υπό τον τίτλο «Ημερολόγιο του Πολέμου στο Ιράκ» («Iraq War Logs») σε συντονισμό με μεγάλα ΜΜΕ. Λίγες εβδομάδες αργότερα, στις 28 Νοεμβρίου, το WikiLeaks ξεκίνησε να δίνει στην δημοσιότητα 251.287 διπλωματικά έγγραφα.

Αντιδράσεις

πριν και μετά την έναρξη διαρροής
των Διπλωματικών εγγράφων

Περίπου 8 χιλιάδες διπλωματικά έγγραφα αφορούν στην Τουρκία και συνετάχθησαν από το διπλωματικό προσωπικό της Αμερικανικής Πρεσβείας στην Άγκυρα και του Προξενείου των ΗΠΑ στην Κων/πολη. Εκατοντάδες έγγραφα από διάφορες Πρεσβείες των ΗΠΑ στη Μέση Ανατολή, στα Βαλκάνια, στο Καύκασο, στη Κεντρική Ασία και φυσικά στην Ευρώπη αναφέρονται στη Τουρκία προκαλώντας την αντίδραση πολιτειακών και υπηρεσιακών παραγόντων, δημοσιογράφων και αναλυτών και στις δύο πλευρές του Ατλαντικού.

Ο γνωστός Τούρκος δημοσιογράφος **Μεχμέτ Αλί Μπιράντ** γράφει σχετικά: *«Τα έγγραφα που διέρρευσε η ιστοσελίδα WikiLeaks έχουν σηματοδοτήσει την έναρξη μιας πολύ σημαντικής περιόδου στις διεθνείς σχέσεις. Για πρώτη φορά καταλαβαίνουμε πως λειτουργούν αυτοί που κινούν τα νήματα στο υπουργείο εξωτερικών των ΗΠΑ. Χιλιάδες τηλεγραφήματα στέλνονταν από την Άγκυρα στην Ουάσιγκτον κάθε έτος. Μέχρι τώρα ο αριθμός των εγγράφων που διαρρέουν από το WikiLeaks είναι ακόμα πολύ μικρός - μπορούμε να πούμε ότι έχουμε δει μόνο τη κορυφή του παγόβουνου. Αλλά ακόμα, αυτός ο όγκος εγγράφων είναι αρκετός για να μας δώσει μια ιδέα για το πώς οι Αμερικανοί διπλωμάτες μας εξετάζουν και μας αξιολογούν. Αυτό που με ενυπωσίασε πιο πολύ ήταν ότι οι Αμερικανικές αρχές δεν φαίνονται να γνωρίζουν καλά τις Τουρκικές Ένοπλες Δυνάμεις καθώς επίσης ότι κλονίζεται η πεποίθηση ότι οι ΤΕΔ* και το Πεντάγωνο συνεργάζονται στενά. Είχαμε την εντύπωση ότι η κινητήρια δύναμη πίσω από κάθε πραξικόπημα στην σύγχρονη ιστορία μας ήταν η Ουάσιγκτον και ότι η Ουάσιγκτον καθοδηγούσε τις ΤΕΔ. Αυτά τα έγγραφα αποκαλύπτουν ότι οι στρατιωτικές σχέσεις μεταξύ των ΤΕΔ και των Ηνωμένων Πολιτειών δεν βασίζονται σε αμοιβαία εμπιστοσύνη και αλληλεγγύη όπως αναμέναμε και ότι η άποψη των ΤΕΔ για τους Αμερικανούς χαρακτηρίζεται από καχυποψία και ανησυχία.* (25.11.2011, TDN)

Ο δημοσιογράφος **Ιλχάν Τανίρ** γράφει σχετικά « Το γεγονός ότι τα διπλωματικά έγγραφα καλύπτουν μία περίοδο από τη δεκαετία του 1960, μας επιτρέπει να ευελπιστούμε ότι θα πάρουμε μία ιδέα για τις σχέσεις των ΗΠΑ με τις αντίστοιχες διαδοχικές κυβερνήσεις της Τουρκίας. Ειδικότερα τις σχέσεις των ΗΠΑ με τις ΤΕΔ πριν το πραξικόπημα του 1980». (10.12.2010 TDN)

Ο Πρόεδρος της Τουρκικής Δημοκρατίας **Αμπντουλάχ Γκιούλ** δήλωσε ότι *«έχουμε συνηθίσει σε τέτοια πράγματα. Κανένας από αυτούς δεν μπορεί να εξασθενίσει το στόχο μας για μία Τουρκία ισχυρότερη ή τη σημασία που αποδίδουμε στην πολιτική σταθερότητα στην Τουρκία και τη μακροπρόθεσμη φιλία μας με τις ΗΠΑ. Κανένας δεν μπορεί να μας εμποδίσει να συνεργαζόμαι με τον Πρωθυπουργό. Όχι μόνο με τον πρωθυπουργό αλλά και με όλους τους άλλους αξιωματούχους. Όταν λαμβάνουμε υπόψη τα έγγραφα που έχουν διαρρεύσει μέχρι τώρα από το WikiLeaks, σκέφτομαι ότι υπάρχει μία στρατηγική. Φαίνεται ότι έχει έναν στόχο. Αλλά δεν θα ήταν σωστό να ειπωθεί κάτι απόλυτο σε αυτό το σημείο. Θα δούμε τι έρχεται και τι δημοσιεύεται αργότερα.* (30.11.2010 TWJ)

Η Υπουργός Εξωτερικών των ΗΠΑ **Hillary Clinton** δήλωσε ότι *«Αυτή η κοινοποίηση εγγράφων είναι όχι μόνο μια επίθεση στα συμφέροντα της εξωτερικής πολιτικής της Αμερικής. Είναι μια επίθεση στη διεθνή κοινότητα: στις συμμαχίες και στις συνεργασίες, στις συνομιλίες και στις διαπραγματεύσεις που προστατεύουν τη παγκόσμια ασφάλεια και τη οικονομική* ευημερία. Βάζει τις ζωές των ανθρώπων σε κίνδυνο, απειλεί την εθνική ασφάλειά μας και υπονομεύει τις προσπάθειές μας να συνεργαστούμε με άλλες χώρες για να λύσουμε τα κοινά προβλήματα. Η Τουρκία και οι Ηνωμένες Πολιτείες έχουν μια από τις σημαντικότερες διμερείς σχέσεις στον κόσμο. Είμαστε πολύ δεσμευμένοι στη συνέχιση της ενίσχυσης και της εμβάθυνσης αυτής της σχέσης και είναι πάντα πολύ εποικοδομητικό να συναντώ τον Τούρκο Υπουργό Εξωτερικών.» (30.11.2010 TWJ)

Ο Πρόεδρος του Τουρκικού Κέντρου Στρατηγικών Μελετών USAK διπλωμάτης **Sanberk** σχολίασε: «Δεν είναι πρόβλημά μας η πόλωση στη Τουρκία; Οι Αμερικανικοί διπλωμάτες ακολουθούν το ζήτημα στενά. Αυτό είναι αρκετά φυσικό επειδή παρακολουθούμε επίσης τη εσωτερική πολιτική άλλων κρατών. Δεν ξέρω εάν το κάνουμε τόσο καλά αλλά στην Τουρκία υπάρχει έλλειψη επαρκών ερευνητικών κέντρων που ασχολούνται με τις ΗΠΑ. Στα πανεπιστήμιά μας δεν υπάρχουν έδρες αμερικανικών μελετών. Οι ΗΠΑ δεν είναι ευρέως γνωστές στην Τουρκία. Έχουμε την πρεσβεία μας εκεί. Ίσως υπάρχουν λίγα ερευνητικά κέντρα που ερευνούν τις ΗΠΑ όπως το USAK και κάποιο άλλο ερευνητικό κέντρο στη Πόλη, αλλά δεν υπάρχουν όμως αρκετοί οικονομικοί πόροι. Σε μια χώρα όπως η Τουρκία πρέπει να υπάρξουν πολύ περισσότερα ερευνητικά κέντρα με ισχυρές οικονομικές ικανότητες. Παραδείγματος χάριν το Ισραήλ είναι μια από τις χώρες που ξέρει τις ΗΠΑ πολύ καλά. Υπάρχουν τουλάχιστον επτά ερευνητικά κέντρα που ξέρω ότι ερευνούν τις ΗΠΑ» (30.11.2010 TWJ)

Ο καθηγητής **Ihsan Bal** από το Ινστιτούτο USAK δήλωσε: "Θα ήταν παραπλανητικό να πούμε ότι η διπλωματική ιστορία ξαναγράφεται από τα έγγραφα του Wikileaks. Τα έγγραφα δεν αποκάλυψαν κάτι νέο. Όπως ξέρουμε ήδη το Ισραήλ, οι Ηνωμένες Πολιτείες και η Ρωσία προσπάθησαν παρόμοια ενέργεια στο παρελθόν. Όσον αφορά στα εγγραφά του Wikileaks που αφορούν στην Τουρκία, δεν είναι δύσκολο να καταλάβει κανείς ότι πολλά από αυτά έχουν συζητηθεί ήδη και στα τουρκικά και στα διεθνή μέσα ενημέρωσης μέχρι τώρα. Για παράδειγμα, τα ζητήματα όπως η ισλαμοποίηση της Τουρκίας και η πρόοδος του συντηρητικού ισλαμ στη χώρα ήδη δημόσια έχουν συζητηθεί. Τα θέματα που αφορούν στις ιρανο-τουρκικές σχέσεις, τις σχέσεις Κυβέρνησης – ΤΕΔ και ιδιαίτερα το υπόμνημα της 27ης Μαρτίου ήταν γνωστά ακόμη προτού να εμφανιστούν αυτά τα έγγραφα. Ειλικρινά, ξέραμε ήδη ότι δεν υπάρχει τίποτα νεότερο για την Τουρκία σε αυτά τα έγγραφα. (1.12.2010 TWJ)

Ο Τούρκος Υπουργός Εξωτερικών **Ahmet Davutoglou** δήλωσε «Ο συνομιλητής μας είναι ο Πρόεδρος Barack Obama και η Hillary Clinton. Ίσως οι διπλωμάτες που συνέταξαν τα έγγραφα δεν είναι ικανοί να προσαρμοστούν στη νέα κατάσταση και δεν μπορούν να αντιληφθούν τη νοοτροπία μας». (1.12.2010 TWJ)

Ο πρώην Αμερικανός Πρέσβης στην Άγκυρα **Ross Wilson** δήλωσε σχετικά «Πιστεύω ότι οι διπλωμάτες κάνουν ό,τι είναι υποχρεωμένοι να κάνουν. Καθένας πρέπει να καταλάβει ότι αυτά τα έγγραφα αφορούν εκθέσεις σχετικά με το ό,τι οι διπλωμάτες ακούνε, βλέπουν και αξιολογούν. Η διαρροή των εγγράφων θα κάνει πολύ δυσκολότερη την εργασία των αμερικανών διπλωμάτων με τους συμμάχους μας, τους συνεργάτες μας, εκείνους που εξαρτώνται από μας και εκείνους από τους οποίους εξαρτώμαστε. Είναι σημαντικό να αναφερθεί ότι η διπλωματία δεν είναι το μόνο επάγγελμα που απαιτεί την εμπιστευτικότητα για να λειτουργήσει. Είναι ασφαλές να ειπωθεί ότι θα είναι δυσκολότερο για την Αμερικανική κυβέρνηση να εργαστεί με άλλους, συμπεριλαμβανομένης της Τουρκίας. (1.12.2010, TWJ)

Ο Υπουργός Άμυνας των ΗΠΑ **Roberts Gates|** δήλωσε ότι «*Το γεγονός είναι ότι οι ξένες κυβερνήσεις συνεργάζονται με τις Ηνωμένες Πολιτείες επειδή είναι προς το συμφέρον τους, όχι επειδή μας συμπαθούν, όχι επειδή μας εμπιστεύονται και όχι επειδή σκέφτονται ότι μπορούμε να κρατήσουμε μυστικά*» (8.12.2010, TWJ)

*Τουρκικές Ένοπλες Δυνάμεις

Επεξήγηση όρων στα έγγραφα του Wikileaks

Η λέξη **μουσουλμάνος** έχει την ίδια ρίζα με τη λέξη Ισλάμ και σημαίνει «αυτός που παραδίδεται στο Θεό». Δεδομένου ότι το 99% των Τούρκων πρόσκεινται στο Ισλάμ, η τουρκική κοινωνία μπορεί να περιγραφεί ως ισλαμική.

Ο όρος **ισλαμικός** έχει πρώτιστα μια κοινωνικοπολιτιστική και τελετουργική διάσταση. Περιγράφει τη σκέψη και τη δράση βασισμένες στο κορανικό σύστημα αξιών, καθώς επίσης και τη τέλεση θρησκευτικών καθήκοντων από τους πιστούς.

Ένα κράτος είναι ισλαμικό όταν το Σύνταγμά του ορίζει το Ισλάμ ως την επίσημη κρατική θρησκεία και τμήματα του ισλαμικού νόμου (Sharia) περιλαμβάνονται στη νομοθεσία και στη νομολογία. Κανένα από αυτά τα κριτήρια δεν ισχύει για την περίπτωση της Τουρκίας, τουλάχιστον μέχρι σήμερα. Συνεπώς, η Τουρκία δεν είναι ισλαμικό κράτος, αλλά κοσμικό κράτος με ισλαμική κοινωνία

Ο όρος **Ισλαμιστής** χαρακτηρίζει όσους θεωρούν ότι η πολιτική, οικονομική και κοινωνική ζωή πρέπει να ρυθμίζεται με βάση το Κοράνιο και τις παραδόσεις του Προφήτη Μωχάμετ (Σούνα). Το Ισλάμ χρησιμεύει ως έναν Σύνταγμα σύμφωνα με το δόγμα «Το Ισλάμ είναι θρησκεία και κράτος». Οι ιδεολογικοί πρόδρομοι των Ισλαμιστικών πολιτικών κινημάτων είναι ο Ιρανός Τζαμάλ αλ-Αφγάνι Αλ Ντιν (1839-1897) και ο αιγύπτιος Hasan Al-Bana (1906-1949). Ο αλ-Αφγάνι υπερασπίστηκε τον παγκόσμιο παν-Ισλαμισμό και απαίτησε ο ισλαμικός κόσμος να ενώσει τις δυνάμεις του ενάντια στις δυτικές αποικιακές δυνάμεις.

Η μεγαλύτερη Ισλαμιστική πολιτική οργάνωση είναι η *Μουσουλμανική Αδελφότητα*, που ιδρύθηκε από τον Χασάν Al-Bana στην Αίγυπτο το 1928. Άρχισε ως ένα κίνημα διαμαρτυρίας ενάντια στις ιμπεριαλιστικές και καταπιεστικές πολιτικές των Βρετανών και των Γάλλων. Ο Sayyid Qutb (1906-1966) αναγνωρίζεται γενικά ως σημαντικότερος Ισλαμιστής θεωρητικός του πρόσφατου παρελθόντος. Ο Qutb εντόπισε τους λόγους για τη μουσουλμανική αλλοτρίωση στις διαδικασίες εκσυγχρονισμού που έλαβαν χώρα στο ισλαμικό κόσμο και την επιρροή αυτού από μη-ισλαμικούς (δυτικούς) πολιτισμούς.

Η Τουρκία διακρίνεται από ετερογένεια στον πληθυσμό της και στο Ισλάμ. Περίπου 55 εκατομμύρια Τούρκοι και 20 εκατομμύρια Κούρδοι ζουν στην Τουρκία. Υπάρχουν δύο ομάδες μέσα στο τουρκικό Ισλάμ, οι Σουνίτες (περίπου 80-85%) και οι Αλεβίτες (περίπου. 15-20%). Οι Αλεβίτες με τη σειρά τους είναι Τούρκοι (σε ποσοστό 75%) και Κούρδοι (25%).

Οι **Αλεβίτες** προέρχονται από τη μυστικιστική αδελφότητα των Safavis οι οποίοι δρούσαν στην ανατολική Τουρκία κατά τη διάρκεια του 13ου αιώνα. Οι Αλεβίτες δεν εφαρμόζουν τους «πέντε πυλώνες του Ισλάμ» και δεν προσεύχονται στα μουσουλμανικά τεμένη αλλά σε αίθουσες των κοινοτήτων τους (Cemevi). Δεν υπάρχει διαχωρισμός μεταξύ ανδρών και γυναικών κατά τη διάρκεια της προσευχής και οι γυναίκες δεν απαιτείται να φορούν την ισλαμική μαντύλα..

Είναι προφανές ότι η Τουρκία έχει ένα Αλεβίτικο ζήτημα. Οι ίδιοι δεν θεωρούν ότι είναι πολίτες που έχουν ίσα δικαιώματα. Αντιμετωπίζουν διακρίσεις στην άσκηση των θρησκευτικών τους υποχρεώσεων και αισθάνονται επισφαλείς. Μετά την εγκαθίδρυση κοσμικής Τουρκικής Δημοκρατίας η κατάσταση βελτιώθηκε σχετικά γεγονός που εξηγεί την εκλογική υποστήριξη των Αλεβιτών προ τα Κεμαλικά κόμματα. Τα αιτήματα των Αλεβιτών κατηγοριοποιούνται ως εξής:

Α) Η επίσημη αναγνώριση και χρηματοδότηση της κατασκευής Αλεβιτικών χώρων λατρείας (Cemevi).
Β) Η κατάργηση της Διεύθυνσης Θρησκευτικών Υποθέσεων (Diyanet)
Γ) Η μετατροπή του ξενοδοχείου Madımak σε μουσείο συλλογικής μνήμης.
Δ) Η απαγόρευση οικοδόμησης Σουνιτικών τζαμιών σε Αλεβίτικα χωριά.
Ε) Η κατάργηση του υποχρεωτικού μαθήματος των θρησκευτικών στη δημόσια εκπαίδευση.

Κεμαλική ιδεολογία

Ο Κεμαλισμός αναφέρεται στις αρχές οργάνωσης της κοινωνίας και του κράτους όπως διατυπώθηκαν από τον ιδρυτή της σύγχρονης Τουρκίας Μουστάφα Κεμάλ (Atatürk) το 1931. Οι έξι αρχές είναι ο Ρεπουμπλικανισμός (Cumhuriyetçilik), ο εθνικισμός (Milliyetçilik), ο λαϊκισμός (Halkçιlık), ο συγκεντρωτισμός (Devletçilik), η κοσμικότητα (Lâiklik) και ο ρεφορμισμός (Devrimçilik).

Ο *Ρεπουμπλικανισμός* σημαίνει ότι η τουρκική Δημοκρατία είναι βασισμένη στην αρχή της λαικής κυριαρχίας και όχι στο ελιτιστικό σύστημα των Padişah που χαρακτήριζε την οθωμανική μοναρχία. Ο *εθνικισμός* σημαίνει ότι η δημοκρατία ιδρύθηκε βασισμένη στην ιδέα του έθνους κράτους και ότι το τουρκικό έθνος είναι ο λαός της Τουρκίας. Ο *λαϊκισμός* περιγράφει την ανάγκη των ανθρώπων να συμμετέχουν στο κράτος με τα δικαιώματα και τις υποχρεώσεις του. Ο *συγκεντρωτισμός* περιγράφει τις κρατικού χαρακτήρα οικονομικές πολιτικές που υπερίσχυσαν μέχρι το 1980.

Μεταξύ των βασικών κεμαλικών κρατικών οργάνων και της κοινωνίας των πολιτών είναι οι ΤΕΔ και το Εθνικό Συμβούλιο Ασφαλείας (Milli Güvenlik Kurulu), το Γραφείο της Προεδρείας, το Συμβούλιο της Επικρατείας, το Υπουργείο Εξωτερικών, το Υπουργείο Εθνικής Παιδείας, το Συμβούλιο Τριτοβάθμιας εκπαίδευσης καθώς επίσης και το Ανώτατο Συμβούλιο Τηλεόρασης και Ραδιοφώνου (RTÜK). Το Ρεπουμπλικανικό Κόμμα (Cumhuriyet Halk Partisi), η Επιχειρηματική ένωση TÜSIAD, η εφημερίδα Cumhuriyet, οι εφημερίδες Hürriyet και Milliyet που ανήκουν στον όμιλο Doğan, κέντρο-αριστερές ενώσεις και συνδικάτα καθώ και φεμινιστικές οργανώσεις.

Τα Διπλωματικά Έγγραφα για την Τουρκία

Πρώτο μέρος

Στο πρώτο μέρος παραθέτουμε ενδεικτικά επαρκή αριθμό διπλωματικών εγγράφων από την Πρεσβεία των ΗΠΑ στην Άγκυρα προκειμένου ο αναγνώστης να έχει πρωτογενή γνώση του περιεχομένου αλλά και του ύφους σύνταξης αυτών. Γίνεται άμεσα αντιληπτός ο μεροληπτικός χαρακτήρας των διπλωματών οι οποίοι δεν περιορίζονται μόνο στην απλή περιγραφή γεγονότων και καταστάσεων αλλά «παίρνουν θέση» για πρόσωπα και πράγματα.

Ημερομηνία: 23/02/2010
Συντάκτης: Αμερικανική Πρεσβεία Άγκυρας
Διαβάθμιση: Εμπιστευτικό

Περίληψη: Στις 22 Φεβρουαρίου η αστυνομία έθεσε υπό κράτηση 47 απόστρατους και εν ενεργεία αξιωματικούς, συμπεριλαμβανομένων 17 στρατηγών - σύμφωνα με δελτία ειδήσεων – για υποτιθέμενη συμμετοχή τους σε σχέδια πραξικοπήματος το διάστημα 2003-2004. Δεν έχει υπάρξει καμία επίσημη ανακοίνωση από τις ΤΕΔ και ο Πρωθυπουργός Ερντογάν δήλωσε ότι η αστυνομία ενέργησε απλά σύμφωνα με παραγγελία της δικαιοσύνης. Ο Α/ΓΕΕΘΑ Basbug ανήγγειλε ότι έχει αναβάλει το επικείμενο ταξίδι του στην Αίγυπτο και αργά στις 23 Φεβρουαρίου κάλεσε συμβούλιο έκτακτης ανάγκης με στρατηγούς και τους ναυάρχους. Οι εισαγγελείς έχουν θέσει υπό κράτηση τώρα όλους τους διοικητές της περιόδου 2003-2004 με εξαίρεση τον Hilmi Ozkok και τον πρώην διοικητή των δυνάμεων Στρατού Ξηράς Aytac Yalman.

Ιστορικές συλλήψεις

Στις 22 Φεβρουαρίου σχεδόν 50 απόστρατοι και εν ενεργεία στρατιωτικοί τέθηκαν υπό κράτηση, για τις υποτιθέμενες συνδέσεις τους στις έρευνες για το Σχέδιο Βαριοπούλα. (Balyoz). Τα σπίτια και τα γραφεία πολλών συνταξιούχων στρατιωτικών ερευνήθηκαν και κατασχέθηκαν έγγραφα για περαιτέρω εξέταση. Μεταξύ εκείνων που τέθηκαν υπό κράτηση ήταν τέσσερις ναύαρχοι εν ενεργεία και 17 συνταξιούχοι στρατηγοί, που περιλαμβάνουν τους:

Ergin Saygun: Διοικητής 1^{ης} Στρατιάς (2008-2009). Ο Saygun είναι πολύ γνωστός στις ΗΠΑ και ήταν συντονιστής σε ζητήματα αντι-τρομοκρατίας για πολλά έτη ενώ είχε συνοδεύσει τον Πρωθυπουργό Ερντογάν κατά τη διάρκεια της επίσκεψής του το Νοέμβριο του 2007 στην Ουάσιγκτον.
Ibrahim Firtina: Τέως Α/ΓΕΑ το διάστημα 2003-2005. Ο Firtina ανακρίθηκε το Δεκέμβριο του 2009 από τους εισαγγελείς στην υπόθεση Ergenekon και έχει εμπλακεί στον Τύπο για το ρόλο του στο Σχέδιο Βαριοπούλα.
Cetin Dogan: Τέως Διοικητής 1^{ης} Στρατιάς (2002-2004).
Ozden Ornek: Τέως Α/ΓΕΝ (2003 - 2005). Το ημερολόγιο του Ornek, που απαριθμεί σύμφωνα με τους ισχυρισμούς του, συζητήσεις μεταξύ των ανώτερων στρατιωτικών

αξιωματούχων για πραξικόπημα μεταξύ 2003-2005, χρησιμοποιείται από τους εισαγγελείς ως πρωταρχική πηγή στοιχείων εις βάρος του. Ο Ornek εξετάστηκε επίσης για την υπόθεση Ergenekon το Δεκέμβριο του 2009.

Suha Tanyel: Επικεφαλής του Ερευνητικού Κέντρου (SAREM) των ΤΕΔ.

Η επιχείρηση της αστυνομίας εμφανίζεται καλώς συντονισμένη καθώς συλλήψεις και έρευνες πραγματοποιήθηκαν ταυτόχρονα σε Άγκυρα, Κων/πολη, Σμύρνη, Προύσα, Ντιγιαρμπακίρ, Hatay, Kocaeli και Bodrum. Δεν έχει υπάρξει καμία επίσημη δήλωση σχετικά με τους λόγους της επιχείρησης, αν και ο Τύπος ευρέως υποψιάζεται ότι οι συλλήψεις σχετίζονται με το σχέδιο Βαριοπούλα και το Σχέδιο Κλουβί. Τα δελτία ειδήσεων δηλώνουν ότι πολλές από τις υπογραφές των κατηγορουμένων βρέθηκαν στα έγγραφα του Σχεδίου «Βαριοπούλας». Η πλειοψηφία των ατόμων, σύμφωνα με τον Τύπο, ανακρίνεται στη Κων/πολη.

Αλλά έτσι τι;

Παρά τη μανία του Τύπου, οι αντίδρασεις από τις ΤΕΔ και την κυβέρνηση είναι ελάχιστες. Οι ΤΕΔ πρέπει να κάνουν μια επίσημη ανακοίνωση. Εντούτοις ο Α/ΓΕΕΘΑ στρατηγός Ilker Basbug ανέβαλε το επίσημο ταξίδι του στην Αίγυπτο και αργά στις 23 Φεβρουαρίου κάλεσε σε συνεδρίαση έκτακτης ανάγκης με τους στρατηγούς και τους ναυάρχους.

Αν και μερικές εμπρηστικές δηλώσεις «συνηθισμένων υπόπτων» από την αντιπολίτευση - όπως η δήλωση του προέδρου του Ρεπουμπλικανικό Κόμμα (CHP) Deniz Baykal ότι οι συλλήψεις τον έκαναν να αισθανθεί ότι «η Τουρκία ήταν υπό κατοχή» - οι αρχικές αντιδράσεις του Τύπου επισκιάστηκαν την επόμενη ημέρα από άλλες ειδήσεις.

Κακό για τις ΤΕΔ; Καλό για το ΑΚΡ;

Αυτή είναι η μεγαλύτερη «σύλληψη» των στρατιωτικών μέχρι σήμερα. Η έλλειψη άμεσης αντίδρασης από τις ΤΕΔ μπορεί να εξηγηθεί είτε στην λογική ότι η στρατιωτική ηγεσία είναι πλήρως πρόθυμη να επιτρέψει την έρευνα και τη συνέχεια της δημοκρατικής διαδικασίας είτε περιμένει να εκτεθεί το ΑΚΡ λόγω αβάσιμων ισχυρισμών. Οι ΤΕΔ παραμένουν βαθειά δυσαρεστημένες από την διακυβέρνηση του ΑΚΡ και είναι εξοργισμένες από την εκστρατεία να διαβρωθεί η θέση των στρατιωτικών στην τουρκική κοινωνία. Μέχρι σήμερα οι εισαγγελείς έχουν θέσει υπό κράτηση όλους τους στρατιωτικούς διοικητές της περιόδου 2003-2004 με εξαίρεση τον Hilmi Ozkok και τον τέως Διοικητή Δυνάμεων Στρατού Ξηράς Aytac Yalman.

Το ΑΚΡ εμφανίζεται να καταλήγει στο συμπέρασμα ότι κερδίζει πολιτικά από τη σύλληψη των στρατιωτικών αξιωματούχων. Ίσως εντούτοις μαθαίνοντας από τις προηγούμενες εμπειρίες του, ο Ερντογάν προστατεύθηκε από την κριτική των κεμαλιστών. Η απουσία του επίσης δεν επέτρεψε οποιαδήποτε «επείγουσα» συνεδρίαση με τον Α/ΓΕΕΘΑ Basbug, όπως έχει συμβεί στο παρελθόν. Οι δηλώσεις του αναπληρωτή Πρωθυπουργού Bulent Arinc εμφανίστηκαν ως ένα ακόμα παράδειγμα για το ότι «οι καιροί έχουν αλλάξει» στην Τουρκία και το πώς η χώρα περνά από μια περίοδο ενίσχυσης των δημοκρατικών θεσμών.

Οι επόμενες μέρες θα αποδειχθούν ενδιαφέρουσες. Η Δικαιοσύνη έχει τέσσερις ημέρες είτε να μετατρέψει τις προσαγωγές σε επίσημες συλλήψεις είτε να απελευθερώσει τους στρατιωτικούς. Εάν αναγγελθούν επίσημες κατηγορίες, οι ΤΕΔ θα αναγκαστούν να απαντήσουν. Επιπλέον, έλλειψη ουσιαστικών στοιχείων θα χρεωθεί στην κυβέρνηση και θα ενισχύσει τις κατηγορίες ότι η μακρά έρευνα της Ergenekon έχει ένα βαθύτερο και πιό δόλιο σχέδιο: να υπονομεύσει την κοσμική αντιπολίτευση στο ΑΚΡ. Μερικοί πεπειραμένοι υπάλληλοι πρεσβειών βλέπουν το πιό πρόσφατο βήμα ως τη σοβαρότερη πρόκληση που θα μπορούσε να προκαλέσει κάποιο τύπο απρόβλεπτης στρατιωτικής αντίδρασης.

Οι στρατιωτικοί έχουν προφανώς σχέδια για επέμβαση εάν είναι απαραίτητο στις πολιτικές υποθέσεις και μπορούν να επικαλεστούν το Σύνταγμα του 1982 επικυρωμένο από τον πληθυσμό με δημοψήφισμα, το οποίο δίνει στις ΤΕΔ έναν βασικό ρόλο «στην επιτήρηση» της προσήλωσης των δημοκρατικών κυβερνήσεων στις αρχές του Κεμαλισμού. Ο Ερντογάν συνειδητοποιεί ότι οι εκλογές πλησιάζουν και ότι ανταπεξήλθε σχετικά με δυσκολία στις εκλογές του περασμένου χρόνου (ποσοστό 38%) αλλά έξοχα το 2007 (ποσοστό 47%) όταν έπαιξε το χαρτί των απειλών από τους στρατιωτικούς.

Μέχρι τώρα, εντούτοις, οι περισσότεροι από εκείνους που ταπεινώνονται δημόσια απελευθερώνονται τελικά λόγω αθωότητας ή επειδή η Δικαιοσύνη θέτει την υπόθεση στο αρχείο. Αλλά κάθε ημέρα είναι μία νέα ημέρα και κανένας δεν μπορεί να είναι σίγουρος που αυτή η ιστορία θα καταλήξει.

Ημερομηνία: 20/01/2010
Συντάκτης: Αμερικανική Πρεσβεία Άγκυρας
Διαβάθμιση: Εμπιστευτικό

Γίνεται μεγάλη κουβέντα στα Υπουργεία Εξωτερικών και στα Διεθνή μέσα ενημέρωσης αυτές τις μέρες για τη νέα ιδιαίτερα ενεργή εξωτερική πολιτική η οποία αντιπροσωπεύει αδιαφιλονίκητα μια μετάβαση όχι μόνο από τις προγενέστερες κυβερνήσεις, αλλά και από το καθεστώς που βρισκόταν το ΑΚΡ πριν από τα γεγονότα της Γάζας/Davos και πριν από το διορισμό του Ahmet Davutoglu ως Υπουργού Εξωτερικών τον Απρίλιο. Μερικά σχόλια είναι αισιόδοξα, αλλά άλλοι, συμπεριλαμβανομένων πολλών εμπειρογνωμόνων και συγγραφέων στις ΗΠΑ, έχουν εκφράσει ανησυχία. Η εξωτερική πολιτική του ΑΚΡ καθοδηγείται από μια επιθυμία να είναι πιο ανεξάρτητη και ενεργή και με ένα πιό ισλαμικό προσανατολισμό. Σημαντικές προκλήσεις με μας στους ερχόμενους μήνες περιλαμβάνουν την πορεία των τουρκο-ισραηλινών σχέσεων, το μέλλον των πρωτοκόλλων με την Αρμενία, και την τουρκική στάση απέναντι στο Ιράν.

Όλο αυτό σημαίνει ότι η Τουρκία εστιάζει στον Ισλαμικό κόσμο και τη μουσουλμανική παράδοσή της στην εξωτερική της πολιτική; Απολύτως. Σημαίνει αυτό ότι «εγκαταλείπει» ή θέλει να εγκαταλείψει τον παραδοσιακό δυτικό προσανατολισμό και την προθυμία να συνεργαστεί με μας; Απολύτως όχι. Στο τέλος της ημέρας θα πρέπει να ζήσουμε με μια Τουρκία της οποίας ο πληθυσμός ωθεί ένα μεγάλο τμήμα αυτού που βλέπουμε. Αυτό απαιτεί μια περισσότερο προσέγγιση από ζήτημα σε ζήτημα και την αναγνώριση ότι η Τουρκία θα ακολουθήσει το δικό της δρόμο. Εν πάση περιπτώσει, αργά ή γρήγορα δεν θα πρέπει πλέον να εξετάσουμε την προσωπικότητα των πολιτικών ηγετών, με τα ειδικά χαρακτηριστικά τους.

Συστατικά πολιτικής

«Η Παραδοσιακή Δυτική» τουρκική πολιτική είναι σήμερα ένα μίγμα «παραδοσιακού δυτικού» προσανατολισμού και δύο νέων στοιχείων που συνδέονται με την αντίληψη: τα «μηδενικά προβλήματα» και το «Νεο-Οθωμανισμό». Ο παραδοσιακός πόλος αντιπροσωπεύει ακόμα τον πυρήνα της τουρκικής εξωτερικής πολιτικής. Ο πυρήνας του είναι το ΝΑΤΟ, η τελωνειακή ένωση με την ΕΕ, και η προσπάθεια ένταξης στην ΕΕ. Αυτό ξεκίνησε με την οθωμανική προσπάθεια να μιμηθούν τις ευρωπαϊκές μεγάλες δυνάμεις και έλαβε ώθηση από τον Ataturk. Εντούτοις η χώρα δεν έλαβε μέρος στο Δεύτερο Παγκόσμιο Πόλεμο. Ήταν μόνο η απειλή της ΕΣΣΔ και η κυριαρχία των ΗΠΑ, οι οποίες οδήγησαν στη «Τουρκία που ξέρουμε»: σύμμαχος στον πόλεμο της Κορέας, σημαντικός Σύμμαχος του ΝΑΤΟ και των ΗΠΑ.

Η Ευρώπη είναι ο σημαντικότερος οικονομικός συνεργάτης της Τουρκίας από άποψη επενδύσεων και εμπορίου. Η ΕΕ αποτελεί το 42% του συνολικού εμπορίου της Τουρκίας ενώ οι ΗΠΑ αποτελούν λίγο λιγότερο από 5%. Ενώ οι ΗΠΑ είναι πολύ λιγότερο σημαντικές από την άποψη των εμπορικών στατιστικών, παραμένει σημαντική σε διάφορους τομείς (ενέργεια, αεροπορία, στρατιωτικά).

Οι ΤΕΔ εξοπλίζονται από τις ΗΠΑ και η Τουρκία αναγνωρίζει ότι οι πολλές πυρκαγιές στην πίσω αυλή της - από το Ιράκ στο Αφγανιστάν και το Πακιστάν – μπορούν να λυθούν από τη στενή συνεργασία και την αποδοχή της ηγεσίας των ΗΠΑ και του ΝΑΤΟ. Τέλος, ακόμη και οι ηγέτες του ΑΚΡ ξέρουν ότι ένα μεγάλο μέρος της γοητείας τους στη Μέση Ανατολή προέρχεται από την προνομιούχο θέση της Τουρκίας στις βασικές δυτικές λέσχες.

"Μηδενικά προβλήματα με τους γείτονες της Τουρκίας"

Αλλά αυτή η Τουρκία προσπαθεί «να μετα-εκσυγχρονίσει». Μία σημαντική προσπάθεια του ΑΚΡ αφορά την επίλυση των προβλημάτων της Τουρκίας με τους άμεσους γείτονες. Αυτή η προσπάθεια βρίσκεται σε αντίθεση με τη «παραδοσιακή» τουρκική πολιτική να αφήσει παγωμένες αυτές τις συγκρούσεις και είναι συμβατότερη με τα ευρωπαϊκά συμφέροντα των ΗΠΑ. Ο κατάλογος των τουρκικών πρωτοβουλιών κάτω από το ΑΚΡ είναι εντυπωσιακός: Δέχτηκε το σχέδιο Annan για να επιλύσει το Κυπριακό το 2004, συνέχισε τη επαφές του 1999 με την Ελλάδα, την προσέγγιση με την Αρμενία που κατέληξε στην υπογραφή των πρωτοκόλλων, τη αναθέρμανση και τις παραγωγικές σχέσεις με τη Βαγδάτη και με το Erbil .

Ενώ αυτή η νέα προσέγγιση επιδοκιμάζεται, υπάρχει ένα κενό. Λίγα απτά αποτελέσματα έχουν επιτευχθεί. Η Κύπρος είναι ακόμα κομμένη στα δύο (αν και το ελάττωμα, τουλάχιστον από την άποψη του σχεδίου Annan, βρίσκεται περισσότερο στους Ελληνοκυπρίους και την ΕΕ), οι εντάσεις με την Ελλάδα στο Αιγαίο συνεχίζονται, τα πρωτόκολλα με την Αρμενία δεν έχουν επικυρωθεί λόγω των τουρκικών ανησυχιών για το Ναγκόρνο-Καραμπάχ. Η αστάθεια του Ιράκ και η απροθυμία της διοίκησης Μπαρζάνι να γίνουν περισσότερα ενάντια στο PKK δημιουργούν ερωτήματα για την ικανότητα υποστήριξης της εποικοδομητικής πολιτικής που ακολουθεί η Τουρκία στο Ιράκ, η συνδιαλλαγή με τη Συρία δεν έχει παραγάγει πραγματικά οποιοδήποτε συριακή απομάκρυνση από το Ιράν.

"Νεο-Οθωμανισμός"

Η ιδέα της Τουρκίας να χρησιμοποιήσει τις πολιτιστικές και θρησκευτικές συνδέσεις της με τη Μέση Ανατολή προς όφελος των τουρκικών συμφερόντων και της περιφερειακής σταθερότητας δεν είναι νέα αλλά έχει δοθεί πολύ περισσότερη προτεραιότητα από το ΑΚΡ, εν μέρει λόγω του ισλαμικού προσανατολισμού ενός μεγάλου μέρους του κόμματος, συμπεριλαμβανομένων των ηγετών Ερντογάν, Γκιουλ και Νταβούτογλου.

Παρά την άρνηση, ο Νταβούτογλου αντιθέτως έχει αγκαλιάσει τον χαρακτηρισμό του Νεο-οθωμανισμού. Ο ίδιος, εγγονός ενός οθωμανού στρατιώτη που πολέμησε στη Γάζα, ο Νταβούτογλου συνόψισε τη φιλοσοφία του ΑΚΡ σε μια εξαιρετική ομιλία του στο Σαράγεβο στα τέλη του 2009: «Τα Βαλκάνια, ο Καύκασος και η Μέση Ανατολή ήταν όλες καλύτερες όταν είναι υπό οθωμανικό έλεγχο. Η επιρροή και η ειρήνη και η πρόοδος επικράτησαν. Δυστυχώς η περιοχή έχει ερημωθεί από τους εθνικισμούς και τον πόλεμο από τότε. Θα επανιδρύσουμε τα Οθωμανικά Βαλκάνια.

Ενώ αυτή η ομιλία δόθηκε στα Βαλκάνια, το μεγαλύτερο μέρος του αντίκτυπού του είναι στη Μέση Ανατολή. Η θεωρία του Νταβούτογλου είναι ότι τα περισσότερα από τα καθεστώτα εκεί είναι μη δημοκρατικά και παράνομα. Η Τουρκία, που στηρίζεται στον υποτιθέμενο θαυμασμό μεταξύ των Μεσο-Ανατολικών πληθυσμών για την οικονομική επιτυχία και τη δύναμή της είναι πρόθυμη να αντιπροσωπεύσει τα συμφέροντα των ανθρώπων.

Για να κεφαλαιοποιήσει τη σχέση της με τους απλούς Άραβες και την υποτιθέμενη διπλωματική οθωμανική εμπειρία της, η Τουρκία έχει αναμειχτεί σε 6 συγκρούσεις ως μεσολαβητής. Αυτό έχει λειτουργήσει καλά, όπως σημειώνεται, με το Ιράκ και ήταν αρκετά επιτυχές στις συριο-ισραηλινές συζητήσεις πριν από τη Γάζα. Η Τουρκία έχει επιτύχει επίσης κάποια περιορισμένη επιτυχία στο Λίβανο.

Γιατί αυτή η αλλαγή;

Πολλοί παράγοντες εξηγούν τις αλλαγές στην Τουρκική εξωτερική πολιτική πέρα από τις προσωπικές απόψεις της ηγεσίας του ΑΚΡ

Ισλαμοποίηση: Η θρησκευτικότητα έχει αυξηθεί στην Τουρκία στο παρελθόν, ακριβώς όπως έχει διαπιστωθεί σε πολλές άλλες μουσουλμανικές κοινωνίες. Το ΑΚΡ είναι αποτέλεσμα και αιτία αυτού του φαινομένου. Εντούτοις, η πόλωση μέσα στην Τουρκία ενάντια στις εσωτερικές «ισλαμικές» μεταρρυθμίσεις (π.χ., ισλαμική μαντίλα) έχει αδρανοποιήσει το ΑΚΡ και μια «πιο ισλαμική» ή «Μεσο-Ανατολική» εξωτερική πολιτική προσφέρει εναλλακτική τροφή για την αφοσιωμένη λαϊκή βάση του ΑΚΡ.

Επιτυχία: Παρά τα προβλήματά της, η Τουρκία κατά τη διάρκεια των προηγούμενων 50 ετών έχει μια πετυχημένη ιστορία, που την φέρνει στη 16η μεγαλύτερη οικονομία και την ιδιότητα μέλους στο G 20. Αυτό, μαζί με την εξαιρετική κατάσταση ασφάλειάς έναντι όλων των άλλων περιφερειακών κρατών, και το δημοκρατικό σύστημα, ενθαρρύνουν έναν πιό ενεργό -- και πιό ανεξάρτητο -- ρόλο ηγεσίας στις περιφερειακές και παγκόσμιες υποθέσεις.

Οικονομία: Ένα μυστικό της τουρκικής επιτυχίας είναι το εμπόριο και η οικονομική ανάπτυξη βασισμένη στη τεχνολογία. Αυτή η ανάπτυξη οφείλεται σε μεγάλο βαθμό στην τελωνειακή ένωση με την ΕΕ (μεγαλύτερη αγορά τουρκικών εξαγωγών) καθώς επίσης και στις δεκαετίες μεταφοράς τεχνογνωσίας και εκπαιδευτική βοήθεια από τις ΗΠΑ. Εντούτοις, με τις εξαγωγές στην ΕΕ να μειώνονται λόγω της κρίσης του 2008-2009, η Τουρκία ψάχνει καινούργιες αγορές, ιδιαίτερα στον πλούσιο αραβικό κόσμο (υδρογονανθράκες), το Ιράν, τη Ρωσία, και την περιοχή Καύκασου/Κεντρικής Ασίας. Έχουν χρήματα και ισχυρή ζήτηση εισαγωγών και η Τουρκία εξαρτάται από αυτούς για πετρέλαιο και φυσικό αέριο. Αυτές οι χώρες, εντούτοις, (μαζί με την Κίνα) τείνουν πολύ περισσότερο από την ΕΕ και τη Βόρεια Αμερική να αναμίξουν την πολιτική με το εμπόριο. Μέχρι ενός βαθμού η δύση θεωρείται δεδομένη και η οικονομική προτεραιότητα κατευθύνεται προς τις σχέσεις με τη Μέση Ανατολή και τη Ευρασία

Ανερχόμενη τάξη: Η πολιτική επιτυχία του Ερντογάν -μαζί με διάφορα σκάνδαλα που οδηγούν σε δικαστική έρευνα - έχει δείξει ότι το Τουρκικό Γενικό Επιτελείο διαδραματίζει τώρα ένα πολύ μικρότερο ρόλο στον καθορισμό της εξωτερικής πολιτικής της Τουρκίας. Η υποστήριξη της Τουρκίας στο ΝΑΤΟ είναι ακόμα ισχυρή, αλλά στερείται τώρα την καχυποψία της Ρωσίας που το ψυχρο-πολεμικό ένστικτο του Γενικού Επιτελείου διατηρούσε.

Απομυθοποίηση της ΕΕ: Η τουρκική κοινή γνώμη έχει γίνει πρόσφατα πιο απαισιόδοξη για ενδεχόμενη ένταξη στην Ε. Ε. Οι λόγοι για αυτό είναι σύνθετοι αλλά περιλαμβάνουν τη μετατοπιζόμενη διάθεση της Ευρώπης έναντι του Ισλάμ, η αντικατάσταση φιλότουρκων ηγετών από τους Σαρκοζί και Μέρκελ οι οποίοι είναι αρνητικοί για ένταξη στην Ε. Ε. της Τουρκίας.

Σχέση Δύσης με Άγκυρα

Ένα άρθρο στους Financial Times από το Gideon Rechman στις 4 Ιανουαρίου τονίζει σωστά την τάση των «νέων γιγάντων» -- Νότια Αφρική, Βραζιλία, Ινδία και Κίνα -- να ακολουθήσουν εναλλακτικές πολιτικές. Αυτό χαρακτηρίζει βεβαίως και την Τουρκία. Με το τέλος του ψυχρού πολέμου, η σχετική επιτυχία στην μάχη με το PKK και η «εξημέρωση» της Συρίας, του Ιράκ, και (τουλάχιστον από την άποψη της Τουρκίας) μειώνει την ανάγκη της Τουρκίας για την ασφάλεια του ΝΑΤΟ και των ΗΠΑ.

Η θεωρία Νταβούτογλου

Η νέα προσέγγιση του ΑΚΡ στις διεθνείς σχέσεις λαμβάνει ανάμικτες αντιδράσεις μέσα και έξω από την Τουρκία. Δεν είναι βασικός παράγοντας στη σχετική δημοτικότητα του ΑΚΡ, αλλά διάφορες ενέργειες κολακεύουν τους ψηφοφόρους. Η κριτική στο Ισραήλ μετά το πόλεμο της Γάζας είναι συντριπτικά δημοφιλής και η σχετικά μαλακή τουρκική θέση στο Ιράν - μια χώρα για την οποία πολλοί Τούρκοι είναι δύσπιστοι -- είναι πιθανώς χρήσιμη για μία μικρή (αλλά για την πολιτική τύχη του Ερντογάν σημαντική) ομάδα ισλαμικών ψηφοφόρων που συνδέεται με τον Erbakan.

Εντούτοις, πολλοί που ανήκουν στην κεμαλική ελίτ της Τουρκίας βλέπουν την ισλαμική εξωτερική πολιτική ως συμπλήρωμα στο υποτιθέμενο σχέδιο του ΑΚΡ για την ισλαμοποίηση της τουρκικής κοινωνίας και παραπονιούνται πικρά για την διάσπαση των σχέσεων της χώρας τους με τη Δύση.

Το εθνικιστικό τμήμα στην Τουρκία, που δραστηριοποιείται περισσότερο στο Κόμμα Εθνικιστικής Δράσης (ΜΗΡ) βλέπει τους συμβιβασμούς του ΑΚΡ στην Αρμενία, στο Βόρειο Ιράκ, στη Κύπρο, κ.λπ., ως προδοσία στην Τουρκική Διασπορά (Ιρακινοί Τουρκμένοι,

Αζέριοι, οι τουρκοκύπριοι, κ.λπ.) και χρεώνει στο ΑΚΡ ότι προσπαθεί να αντικαταστήσει την αρχή του Τουρκισμού με την Ισλαμική Ούμμα.

Οι Ευρωπαίοι ήταν εξαγριωμένοι με την παρουσίαση της Τουρκίας ως την ισλαμική συνείδηση του ΝΑΤΟ, η οποία συσκέπτεται πρώτα με τα κράτη της Μέσης Ανατολής πριν μιλήσει με τους συμμάχους της στο ΝΑΤΟ.

Ο Νταβούτογλου και άλλοι υποστηρίζουν ότι η «επιτυχία» της Τουρκίας ως ανερχόμενη δύναμη της Μέσης Ανατολής το καθιστά ελκυστικότερο στην ΕΕ - δίνοντας στην Ευρώπη μια νέα εξωτερική πολιτική «αγορά» μέσω της Τουρκίας. Ενώ μερικοί στην Ευρώπη εμφανίζονται να ενδιαφέρονται σε αυτήν την ιδέα, αυτό δεν φαίνεται να έχει ιδιαίτερο βάρος στις περισσότερες ευρωπαικές πόλεις, πόσο μάλλον οι πληθυσμοί.

Εν τέλει, όχι όλοι οι τέως Οθωμανοί κοιτάζουν με νοσταλγία το παρελθόν τους κάτω από τους πασάδες. Η αντίδραση στα Βαλκάνια μετά την ομιλία του Νταβούτογλου στο Σεράγιεβο ήταν αρκετά ισχυρή. Στη Μέση Ανατολή, ο αραβικός δρόμος επιδοκιμάζει τη λαικίστικη και ουσιαστικά χωρίς κόστος υποστήριξη της Τουρκίας προς ριζοσπαστικότερα στοιχεία αλλά δεν εκτιμάται ιδιαίτερα από τους κυβερνώντες των Αράβων. Αργά ή γρήγορα, εν τούτοις, η Τουρκία θα πρέπει να παραγάγει αποτελέσματα, να διατρέξει κινδύνους, να δεσμεύσει πραγματικούς πόρους και να πάρει σκληρές αποφάσεις. Να αναβαθμίσει μια πολιτική που αποτελείται σήμερα κυρίως από δημοφιλή συνθήματα, ακατάπαυστα ταξίδια, και αναρίθμητες υπογραφές Μνημονίων μικρής σημασίας.

Το πρόβλημα με τις ΗΠΑ

Εντούτοις, σε έναν πλήθος θεμάτων υψηλής σπουδαιότητας για μας (Αφγανιστάν και Πακιστάν, συνεργασία με το Ιράκ, προσπάθειες του ΝΑΤΟ) η Τουρκία είναι κρίσιμος σύμμαχος και η χρήση της βάσης Incirlik, της πύλης Habur και του τουρκικού εναέριου χώρου για τις επιχειρήσεις του Ιράκ και του Αφγανιστάν είναι αναπόφευκτη. Οι πρωτοβουλίες «μηδενικών προβλημάτων» τις οποίες έχει προωθήσει η Τουρκία σε πολλές υποθέσεις -Κύπρος, Ελλάδα, Κούρδοι, Βόρειο Ιράκ, Αρμενία – εξυπηρετεί επίσης τα Αμερικανικά ενδιαφέροντα υποστήριξης.

Το μεγαλύτερο δυνητικό στρατηγικό πρόβλημα για τις ΗΠΑ είναι η Νεο-Οθωμανική πολιτική που ασκεί στα Βαλκάνια και την Μέση Ανατολή. Αυτή η «επιστροφή στο παρελθόν» όπως διατυπώθηκε από το Νταβούτογλου στο Σεράγιεβο συνδιασμένη με την προσπάθεια των Τούρκων να αξιοποιήσουν τοπικούς παράγοντες δημιουργεί νέα προβλήματα. Παρόλη την επιτυχία του Νταβούτογλου, οι Τούρκοι δεν μπορούν να ανταγωνιστούν ούτε με εμάς, ούτε με την Ε.Ε, ούτε με την Ρωσία, ούτε με την Αίγυπτο και το Ιράν στη Μέση Ανατολή.

Ημερομηνία: 27/02/2009
Συντάκτης: Αμερικανική Πρεσβεία Άγκυρας
Διαβάθμιση: Εμπιστευτικόν

Στις 22 Φεβρουαρίου, ο τοπικός Τύπος ανέφερε ότι η Τουρκία και το Ιράν είχαν ιδρύσει μια επιχείρηση κοινοπραξίας για την ανάπτυξη του τομέα φυσικού αερίου στο Ιράν και την κατασκευή ενός αγωγού για τη μεταφορά φυσικού αερίου στην Τουρκία και στην Ευρώπη. Η εταιρία αποτελεί συνέχεια των συμφωνιών του Νοεμβρίου 2008 και του Ιουλίου 2007 μεταξύ της Τουρκίας και του Ιράν. Στην προσπάθεια μας να μάθουμε περισσότερα για αυτήν την διαπραγμάτευση, μιλήσαμε με διάφορους ανθρώπους. Ο πρόεδρος BOTAS Saltuk Duzyol είπε ότι η εταιρία του δεν περιλήφθηκε στη διαπραγμάτευση και ότι η συμφωνία έγινε με μια ιδιωτική εταιρεία αλλά επιφυλάχτηκε να το διευκρινίσει.

Ένας από τους συμβούλους του Υπουργού Ενέργειας Guler, ο Musa Gunaydin, που θεωρείται ευρέως πίσω από την πρωτοβουλία του Υπουργού να κάνει businees με το Ιράν, αρνήθηκε να συζητήσει το θέμα με μας. Η τουρκική εταιρία SOM Petrol συμμετέχει σε μια κοινοπραξία με το Ιράν, μας είπε ο Demir. Ο ιδιοκτήτης της SOM Petrol είναι ο Sitki Ayan, πολύ καλός φίλος του Ερντογάν. Και οι δύο έχουν αποφοιτήσει από το σχολείο Imam Hatip της Κων/πολης. Ο Ayan ανήκει στον κύκλο των φίλων του Ερντογάν συμπεριλαμβανομένου του Mustafa Ερντογάν (αδελφού του Πρωθυπουργού) του Cihan Kamer και του Mucahit Aslan. Σύμφωνα με την έρευνά μας, ο xxxxx δραστηριοποιείται στην κατασκευή λιμένων, τις μεταφορτώσεις καυσίμων αλλά δεν εμφανίζεται να έχει οποιαδήποτε εμπειρία όσον αφορά την άντληση πετρελαίου και φυσικού αερίου.

Το 2007, η εταιρία Kartet που παράγει ηλεκτρική ενέργεια υπέγραψε συμφωνία με την Tavanir, κρατική επιχείρηση ηλεκτρικής ενέργειας του Ιράν προκειμένου να εισάγει από το Ιράν 1.4 δισ κιλοβατώρες (KWH) ηλεκτρικής ενέργειας. Η εταιρία Kartet υπέβαλε αίτηση στις τουρκικές αρχές (EMRA) για να πάρει μια άδεια εισαγωγής ηλεκτρικής ενέργειας. Το Νοέμβριο του 2007, μια τουρκική επιχείρηση ηλεκτρικής ενέργειας (Savk), που ανήκε στο φίλο του Ερντογάν Cihan Kamer, έλαβε άδεια από την EMRA να εισάγει ηλεκτρική ενέργεια από το Ιράν. Εκείνη τη στιγμή, η Kartet κατήγγειλε ότι οι η πρακτική της Savk ήταν ανήθικη και παράνομη.

Ημερομηνία: 11/08/2006
Συντάκτης: Αμερικανική Πρεσβεία Άγκυρας
Διαβάθμιση: Εμπιστευτικό

Η από μακρού υφιστάμενη διαμάχη μεταξύ των επαγγελματιών διπλωματών του Υπουργείου Εξωτερικών και του κύκλου των συμβούλων του Ερντογάν έχει οξυνθεί καταφανώς τις πρόσφατες εβδομάδες. Αυτό το χάσμα υπάρχει υπό διακυβέρνησης Ερντογάν, λόγω των στενών δεσμών που έχει ο Ερντογάν και ο Γκιουλ με το σύμβουλο του Πρωθυπουργού Davutoglou, ο οποίος είναι πρόθυμος να αναλάβει πολυάριθμες πρωτοβουλίες.

Την παραμονή της επίσκεψης του ηγέτη της Χαμάς στην Άγκυρα (Φεβρουάριος 2006) το Υπουργείο Εξωτερικών είχε μαύρα μεσάνυκτα. Οι αξιωματούχοι του ΑΚΡ ασχολήθηκαν με την επίσκεψη κατά τρόπο τυχαίο και ασυντόνιστο. Περισσότερο τρομαγμένοι, ίσως, ήταν αυτοί στο ΑΚΡ που ρωτήθηκαν τι θα αισθάνονταν αν οι Αμερικανοί συναντούσαν επίσημα τους ηγέτες του PKK. Για το κύκλο του Ερντογάν η σύγκριση είναι ατυχής.

Είναι δύσκολο για τον Ερντογάν να θεωρήσει ότι ο Ισλαμιστής φίλος του Al Kadi θα μπορούσε να αναμειχτεί σε χρηματοδότηση τρομοκρατών καθώς θεωρείται ασυμβίβαστο για αυτούς να περιγράφονται ισλαμικές ομάδες ως τρομοκράτες. Η Χαμάς και η Hizballah είναι το αποτέλεσμα δυτικών πολιτικών και όχι αληθινοί τρομοκράτες.

Ημερομηνία: 01/09/2006
Συντάκτης: Αμερικανική Πρεσβεία Άγκυρας
Διαβάθμιση: Απόρρητον

Περίληψη: Ο Ερντογάν και το κυβερνών Κόμμα ΑΚΡ φαίνονται να έχουν σταθεροποιήσει την εξουσία τους καθώς δεν υπάρχει άλλη σοβαρή εναλλακτική πολιτική επιλογή. Εντούτοις, ο Ερντογάν και το κόμμα του αντιμετωπίζουν τεράστιες προκλήσεις εάν πρόκειται επιτυχώς να αποδεκτούν τις αρχές της ανοικτής κοινωνίας και την εναρμόνιση με το δίκαιο της ΕΕ

Εν ολίγοις, ο Ερντογάν φαίνεται ανίκητος. Αλλά είναι αυτός; Και είναι πρόθυμος να δώσει στις σχέσεις με τις ΗΠΑ την ορμή που χρειάζονται από την τουρκική πλευρά; Ο Ερντογάν έχει μια πλειοψηφία δύο τρίτων στο Κοινοβούλιο. Δεν υπάρχει αυτήν την περίοδο καμία σοβαρή, σε ευρεία βάση πολιτική εναλλακτική λύση, εξ αιτίας της ρητορικής κυριαρχίας του Ερντογάν και του ελέγχου της συζήτησης σχετικά με τα κοινωνικά θέματα.

Το ΑΚΡ υποστηρίζει ότι η οικονομία, τουλάχιστον από την προοπτική των μακροδεικτών και τη συνεχή προθυμία των επενδυτών χαρτοφυλακίων να αγοράσουν, εμφανίζεται να σταθεροποιείται.

Ακόμα ο Ερντογάν και ΑΚΡ αντιμετωπίζουν πολιτικά μοιραίες προκλήσεις σε τρεις περιοχές: Στην εξωτερική πολιτική (ΕΕ, Ιράκ, Κύπρος), στην ποιότητα και ικανότητα της ηγεσίας και της διακυβέρνησης και στην επίλυση θεμελιωδών ζητημάτων περί δημιουργίας μιας ανοικτής, ακμάζουσας κοινωνίας που ενσωματώνεται στον ευρύτερο κόσμο.

Ο Ερντογάν έθεσε ως σωσίβιο για την πολιτική επιβίωσή του τη λήψη μια ημερομηνίας διαπραγμάτευσης από την ΕΕ. Επέτυχε εκείνο τον στόχο. Η Wall Street Journal και άλλα δυτικά και τουρκικά μέσα έχουν θεωρήσει ότι η ΕΕ οφείλει στην Τουρκία μια δίκαιη διαδικασία διαπραγματεύσεων που οδηγεί στην ένταξη.

Οι εθνικιστές, στα δεξιά και στα αριστερά, έχουν επαναλάβει τις κατηγορίες ότι ο Ερντογάν ξεπούλησε τα τουρκικά εθνικά συμφέροντα (βλέπε Κύπρος) και τις τουρκικές παραδόσεις. Τα όργανα του τουρκικού κράτους, που παραμένουν στην καλύτερη περίπτωση επιφυλακτικά απέναντι στο ΑΚΡ, για άλλη μια φορά έχουν αρχίσει να εξετάζουν τις αδυναμίες του Ερντογάν και να τροφοδοτούν τους υπαινιγμούς τους στον Τύπο παράλληλα με τους ισχυρισμούς των εθνικιστών.

Παρά αυτήν την ευρω-αποστροφή, ούτε ο Ερντογάν ούτε η κυβέρνησή του δεν έχει λάβει ακόμη τα ελάχιστα μέτρα για να προετοιμάσει τη γραφειοκρατία ή την κοινή γνώμη για την έναρξη θεμελιωδών - μερικοί Τούρκοι θα έλεγαν δόλιο - νομικών, κοινωνικών, διανοητικών και πνευματικών αλλαγών που πρέπει να υλοποιηθούν για να μετατρέψουν την εναρμόνιση με την Ε.Ε σε αληθινή μεταρρύθμιση. Ο δρόμος μπροστά θα είναι σίγουρα σκληρός.

Διάφοροι παράγοντες θα συνεχίσουν να επηρεάζουν τη δυνατότητα του ΑΚΡ να προχωρήσει σε μεταρρυθμίσεις και σε επιλογές που εξυπηρετούν τα αμερικανικά συμφέροντα.

Κατ'αρχάς ο χαρακτήρας του Ερντογάν.

Στις επαφές μας στην Ανατολία ακόμα δεν έχουμε επαληθεύσει ότι η δίψα του Ερντογάν για τη απόλυτη δύναμη και για τα υλικά οφέλη της δύναμης έχει αρχίσει να διαβρώνει τη δημοτικότητα σε επίπεδο βάσης. Άλλοι διαφωνούν. Ο δημοσκόπος και πολιτικός αναλυτής Ismail Yildiz έχουν βεβαιώσει σε τρεις μεγάλες εκθέσεις σε μας το Δεκέμβριο ότι η διάβρωση έχει αρχίσει. Σημειώνουμε ότι (1) ο Yildiz εξέφρασε την απογοήτευση του σε μας ότι η ηγεσία ΑΚΡ δεν αποκρίθηκε στην προσφορά του να παρέχει υπηρεσίες πολιτικής στρατηγικής (2) αυτήν την περίοδο συνδέεται με τις επικρατούσες προσωπικότητες της αντιπολίτευσης και (3) διαχειρίζεται επίσης έναν ιστοχώρο θεωρίας συνωμοσιών. Έτσι μεταχειριζόμαστε την άποψή του προσεκτικά. Εντούτοις, κρίνοντας από τις αναφορές και τη προηγούμενη εμπειρία του στο τουρκικό κράτος, εμφανίζεται να διατηρεί επαφές με τους κρατικούς μηχανισμούς και να έχει ένα δίκτυο παρατηρητών και συλλεκτών στοιχείων και σε 81 επαρχίες.

Ο ρεαλισμός του Ερντογάν λειτουργεί καλά αλλά στερείται διορατικότητας. Αυτός και οι κύριοι σύμβουλοι του ΑΚΡ, καθώς επίσης και ο Γκιουλ και άλλοι ανώτεροι υπάλληλοι του ΑΚΡ στερούνται αναλυτικού βάθους. Ο Ερντογάν στηρίζεται σε χαμηλής ποιότητος πληροφόρηση και στην παραπληροφόρηση των μέσων ενημέρωσης.

Μέσα στο κόμμα, η δίψα του Ερντογάν για δύναμη αποκαλύπτεται με ένα αιχμηρό αυταρχικό ύφος και μια βαθιά δυσπιστία έναντι των άλλων: ο τέως πνευματικός σύμβουλος του Ερντογάν και της σύζυγου του Emine υποστηρίζει ότι «ο μπέης Ταγγίρ πιστεύει στο Θεό…αλλά δεν τον εμπιστεύεται.»

Ο δεύτερος λόγος είναι η φύση συνασπισμού του ΑΚΡ, ο περιορισμένος αριθμός των Υπουργών που ο Ερντογάν εμπιστεύεται, και οι προσπάθειες μερικών - κυρίως ο Γκιουλ αλλά κατά διαστήματα ο Cicek - να υπονομεύσει το Ερντογάν. Κανένας άλλος στο ΑΚΡ δεν έρχεται κοντά στο Ερντογάν σε δημοτικότητα σε επίπεδο βάσης. Εντούτοις, η ετοιμότητα του Γκιουλ να αποδοκιμάσει τον Ερντογάν μέσα στο ΑΚΡ και οι προσπάθειές του να μειώσει τους ελιγμούς του Ερντογάν με σκληρές κριτικές της Αμερικανικής πολιτικής στο Ιράκ ή της

ΕΕ για την Κύπρο έχει αναγκάσει τον Ερντογάν συνεχώς να κοιτάζει πέρα από τον ώμο του. Αναμένουμε από τον Ερντογάν να πραγματοποιήσει έναν μερικό ανασχηματισμό κυβέρνησης νωρίς το 2005, αλλά θα είναι ανίκανος να αφαιρέσει την επιρροή του Γκιουλ.

Ο τρίτος λόγος είναι η δωροδοκία. Το ΑΚΡ σκαρφάλωσε στη εξουσία με την υπόσχεση ότι θα ξεριζώσει τη δωροδοκία. Εντούτοις, όλο και περισσότερα μέλη του ΑΚΡ, από υπουργούς και ανθρώπους κοντά στο κόμμα μας μιλάνε για συγκρούσεις συμφερόντων και σοβαρής διαφθοράς στο κόμμα σε εθνικό, επαρχιακό και τοπικό επίπεδο και μεταξύ μελών στενών συγγενών των υπουργών. Έχουμε ακούσει από δύο επαφές μας ότι ο Ερντογάν έχει οκτώ λογαριασμούς στις ελβετικές τράπεζες και ότι ο πλούτος του προέρχεται από τα δώρα γάμου που δόθηκαν στο γιο του.

Μεταξύ των πολλών προσώπων που αναφέρθηκαν σε μας περιλαμβάνεται ο Υπουργός Εσωτερικών Aksu, ο Υπουργός Εξωτερικού εμπορίου Tuzmen, και ο πρόεδρος του ΑΚΡ Κων/πολης Muezzinoglu. Δεδομένου ότι γνωρίζουμε από μια επαφή μας στη Διεύθυνση Πληροφοριών της Τουρκικής Αστυνομίας ότι διεξάγεται έρευνα σχετικά με το Muezzinoglu για άλλες δραστηριότητες υπάρχουν ήδη στοιχεία που ενοχοποιούν τον Ερντογάν.

Ο τέταρτος λόγος είναι η φτωχή ποιότητα των ανθρώπων που τοποθέτησε ο Ερντογάν και το ΑΚΡ στην τουρκική γραφειοκρατία, στο κόμμα και στην Τοπική Αυτοδιοίκηση. Μια ευρεία σειρά των ανώτερων δημόσιων υπαλλήλων σταδιοδρομίας, συμπεριλαμβανομένου του Υπουργού Αμύνης, έχει εκφράσει το φόβο σε μας για την ανικανότητα, τις προκαταλήψεις και την άγνοια των στελεχών του ΑΚΡ όπως ο Omer Dincer, ένας Ισλαμιστής ακαδημαϊκός που ο Ερντογάν διόρισε υφυπουργό του Υπουργείου, θέση κλειδί στην κυβέρνηση/κρατική γραφειοκρατία. Ο Dincer περιφρονείται από τις ΤΕΔ. Το αποτέλεσμα είναι ότι, αντίθετα από προηγούμενους ηγέτες όπως ο Turgut Ozal ή Suleyman Demirel, ο Ερντογάν έχει αφεθεί χωρίς ανθρώπους που μπορούν να τον ανακουφίσουν από το φορτίο της καθημερινής διαχείρισης ή που μπορούν να εξασφαλίσουν αποτελεσματικά, παραγωγικά κανάλια στην καρδιά του κόμματος και την καρδιά του τουρκικού κράτους.

2 μεγάλα ερωτήματα

Κατά συνέπεια, το Ισλάμ όπως βιώνεται στην Τουρκία είναι γεμάτο από υποκρισία, άγνοια και αδιαλλαξία από την παρουσία άλλων θρησκειών στην Τουρκία και ανίκανο να αποκλήσει εκείνους που θα το πολιτικοποιούσαν με έναν ριζικό, αντι-δυτικό τρόπο. Οι ιμάμιδες είναι ως επί το πλείστον κακώς εκπαιδευμένοι και έτοιμοι να προκαλέσουν αντι-δυτικά, αντίχριστιανικά ή αντι-εβραϊκά συναισθήματα στα κηρύγματά τους. Εξαιρετικά λίγοι μουσουλμάνοι στην Τουρκία έχουν το θάρρος να προκαλέσουν τη συμβατική Σουνιτική σκέψη για τη τζιχάντ

Το πρόβλημα επιδεινώνεται από την προθυμία πολιτικών όπως ο Γκιουλ να παίξει με το πολιτικοποιημένο Ισλάμ. Έως ότου εξασφαλιστεί στη Τουρκία ότι οι ανθρωπιστικές αξίες θα επικρατήσουν του Ισλάμ, το Ισλάμ στην Τουρκία θα παραμείνει μια ενοχλητική, αμυντική δύναμη, υποκριτική σε μεγάλο βαθμό και απρόθυμο να προσαρμοστεί στις προκλήσεις της ανοικτής κοινωνίας. Ένα δεύτερο ερώτημα είναι η σχέση της Τουρκίας και των πολιτών της με την Ιστορία. Υπό τον όρο των άκαμπτων ταμπού, της άρνησης και των φόβων, η μελέτη της ιστορίας και η πρακτική της ιστοριογραφίας στην Τουρκική Δημοκρατία μας υπενθυμίζουν ένα παλαιό σοβιετικό ανέκδοτο: ο κομματικός προϊστάμενος συγκεντρώνει τους αξιωματούχους του κόμματος και προειδοποιώντας ενάντια στις διάφορες ιδεολογικές απειλές, λέει «το μέλλον είναι σίγουρο. Είναι μόνο το καταραμένο παρελθόν που συνεχίζει να αλλάζει.»

Έως ότου μπορέσει η Τουρκία να συμφιλιωθεί με το παρελθόν της, συμπεριλαμβανομένων των πτυχών του οθωμανικού παρελθόντος της, πώς η Τουρκία θα συμφιλιωθεί με την έννοια και την πρακτική της συμφιλίωσης στην ΕΕ; Πώς θα έχει την αυτοπεποίθηση να πάρει τις αποφάσεις και να διατυπώσει πολιτικές απαντήσεις στα Αμερικανικά ενδιαφέροντα; Εντούτοις, ο δρόμος μπροστά μας θα απαιτήσει μια ογκώδης αναθεώρηση της εκπαίδευσης, της εισαγωγής και της αποδοχής του κράτους δικαίου και ενός θεμελιώδους επαναπροσδιορισμού της σχέσης μεταξύ πολίτη και κράτους.

Ημερομηνία: 07/05/2002
Συντάκτης: Αμερικανική Πρεσβεία Άγκυρας
Διαβάθμιση: Εμπιστευτικόν

Σε αντίθεση με τις φήμες ότι ο Τούρκος ΥΠΕΞ Αμπντουλάχ Γκιουλ είναι καταθλιπτικός μετά την απόσυρση την υποψηφιότητας του για την Προεδρεία της Δημοκρατίας, ένας δημοσιογράφος xxxxx περιέγραψε τη συμπεριφορά του ως χαλαρή και αποφασιστική. Ο xxxxx ήταν σαφές ότι και ο Γκιουλ και η σύζυγος του Hayrunissa είχαν πιέσει από καιρό για να είναι αυτός ο προεδρικός υποψήφιος του Κόμματος Δικαιοσύνης και Ανάπτυξης (ΑΚΡ) και διατηρούν ακόμα τις φιλοδοξίες τους. Ο xxxxx διέψευσε την προηγούμενη σπεκουλα του Τύπου ότι ο κοινοβουλευτικός εκπρόσωπος Bulent Arinc είχε προκαλέσει το όλο θέμα. Ήταν αντ' αυτού, ο Γκιουλ που πήγε στον Arinc για να προωθήσει την υποψηφιότητα του και να ζητήσει υποστήριξη. Σύμφωνα με τις υπάρχουσες πληροφορίες ο Arinc είπε ότι ο Γκιουλ, δεν ήθελε να δει έναν γραφειοκράτη όπως ο Υπουργός Άμυνας στο Προεδρικό Μέγαρο.

Ο τρόπος που ακυρώθηκε η υποψηφιότητα του Γκιουλ ήταν αντανάκλαση της συνεργασίας και του ανταγωνισμού μεταξύ του Πρωθυπουργού Ερντογάν και του Γκιουλ. Εξαρχής, το μεγαλύτερο εμπόδιο ήταν ότι ο Ερντογάν μέχρι τελευταία στιγμή ήταν απρόθυμος να αρνηθεί τις προσωπικές του φιλοδοξίες για την Προεδρεία.

Δεν είναι σαφές ότι μια υποψηφιότητα Γκιουλ θα γινόταν αποδεκτή από τις ΤΕΔ.

Μόλις το Τουρκικό Γενικό Επιτελείο δημοσίευσε το ηλεκτρονικό υπόμνημά του αργά το βράδυ της 27ης Απριλίου, ήταν σύμφωνα με τους ισχυρισμούς ο Γκιουλ, και όχι ο Ερντογάν, ο οποίος έπεισε το ΑΚΡ να ακολουθήσει σκληρή γραμμή που καταγράφηκε στην δήλωση τις 28ης Απριλίου του Cemil Cicek (κυβερνητικού εκπροσώπου). Μια συχνή κατηγορία των ΤΕΔ είναι ότι το ΑΚΡ έχει κρυφή ατζέντα. Ο Γκιουλ το είχε αντικρούσει πολλάκοις, δείχνοντας το σύνολο των πολιτικών και οικονομικών μεταρρυθμίσεων που η κυβέρνηση του ΑΚΡ έχει περάσει.

Σύμφωνα με τον xxxxx, ο Γκιουλ δεν ήταν μέλος της οργάνωσης Milli Gorus του Ισλαμιστή ηγέτη Necmettin Erbakan. Η πολιτική δραστηριότητα του Γκιουλ ξεκίνησε πριν από το πραξικόπημα του 1980 στην Εθνική Τουρκική Ένωση Σπουδαστών (MTTB).

Μετά το 1997, το think-tank του Γκιουλ, Politik Arastirma Merkezi (Πολιτικό Ερευνητικό Κέντρο) σχεδίασε την ίδρυση του ΑΚΡ που διαχωρίστηκε από το Κόμμα του Erbakan και χάραξε τη στρατηγική που έφερε το ΑΚΡ στην εξουσία το 2002. Ο Γκιουλ είναι, σύμφωνα με το δημοσιογράφο, ο μοναδικός στο Κόμμα που σέβεται πραγματικά ο Ερντογάν, υπό την τουρκική έννοια του θαυμασμού, δηλαδή της φιλίας και του φόβου.

Ημερομηνία: 23/05/2007
Συντάκτης: Αμερικανική Πρεσβεία Άγκυρας
Διαβάθμιση: Απόρρητον

Το υπόμνημα της 27ης Απριλίου (των ΤΕΔ) που τροφοδότησε την πολιτική κρίση ακολούθησε μια εικονική συσκότιση, με το Στρατό να αρνείται να μιλήσει ούτε με εσωτερικές ούτε με ξένες πηγές. Η σιωπή έσπασε πρόσφατα όταν προσφέρθηκε εθελοντικά ο στρατηγός Saygun να εξηγήσει την κυρίαρχη σκέψη πίσω από τις κινήσεις των ΤΕΔ. Αξιοποιήσαμε την συνάντηση για να επαναλάβουμε την ανάγκη για ρεαλισμό και συμβιβασμό -- από όλους τους φορείς -- υπέρ της Τουρκικής Δημοκρατίας και της συνταγματικής διαδικασίας.

Σε μια πρόσφατη συνάντηση ο Saygun έθιξε το θέμα της Τουρκικής εσωτερικής πολιτικής και είπε ότι ήταν σημαντικό εμείς οι Αμερικάνοι να καταλάβουμε γιατί οι ΤΕΔ αναγκάστηκαν να γίνει η δήλωση της 27ης Απριλίου. Είπε ότι οι ΤΕΔ μίλησαν ευθαρσώς για να εξασφαλίσουν την προστασία του κοσμικού πολιτικού συστήματος της Τουρκίας. Αυτό είναι ευθύνη αρχής των ΤΕΔ, την οποία και υποχρεώνονται να εκπληρώσουν. Βεβαίωσε ότι το Σύνταγμα της Τουρκίας εξουσιοδοτεί τους στρατιωτικούς να προστατεύουν το κοσμικό κράτος -- αυτό ήταν που είχαν κάνει και θα συνέχιζαν να κάνουν.

Ο DCM απάντησε ότι η πολυτιμότερη ποιότητα της σύγχρονης Τουρκίας είναι ότι είναι και κοσμική και δημοκρατική – και ότι και τα δύο χαρακτηριστικά πρέπει να συντηρηθούν. Σημείωσε τις αυξανόμενες εντάσεις και την πόλωση σε όλη τη χώρα και υποστήριξε ότι οι ΤΕΔ πρέπει να δείξουν προσοχή και ρεαλισμό. Η αποφυγή σύγκρουσης και αστάθειας και η εξασφάλιση ότι η πολιτική διαδικασία προχωρά με τέτοιο τρόπο ώστε να είναι πλήρως σύμφωνη με το σύνταγμα είναι προς το συμφέρον της Τουρκίας και όλων των Τούρκων ανεξάρτητα από τον κομματικό προσανατολισμό τους.

Ο Saygun είπε ότι οι στρατιωτικοί δεν θέλουν τη σύγκρουση και δεν θα την επιδίωκαν. Υποστήριξε ότι θα μπορούσαν εύκολα να έχουν στείλει τα τανκς στους δρόμους εάν είχαν θελήσει, αλλά δεν το έκαναν. Επίσης υποστήριξε ότι οι στρατιωτικοί ενδιαφέρθηκαν πολύ για τη σταθερότητα -- πολιτική, οικονομική, και κοινωνική – ενώ το ΑΚΡ δεν είχε καταβάλει καμία προσπάθεια για συμβιβασμό.

Σχόλιο διπλωμάτη: Υπάρχει μεγάλη σπέκουλα για τη επόμενη κίνηση των ΤΕΔ στο τρέχον πολιτικό δράμα. Οι φήμες περιλαμβάνουν προσπάθειες να απαγορευτεί το ΑΚΡ, να δυσφημιστεί η ηγεσία του με τη δημοσίευση υποθέσεων σκανδάλων και τη κατασκευή κρίσεων. Προσεκτικοί παρατηρητές έχουν προτείνει ότι μία σιωπηρή συμφωνία έχει γίνει όπου οι ΤΕΔ έχουν διευκρινίσει τις κόκκινες γραμμές τους για την Προεδρία και άλλα θέματα και το ΑΚΡ έχει συμφωνήσει να μην τις παραβιάσει.

Τα διπλωματικά έγγραφα για τη Τουρκία

Μέρος Δεύτερο

Αντικείμενο σοβαρού προβληματισμού που καταγράφεται σε πληθώρα διπλωματικών εγγράφων είναι η στροφή στην εξωτερική πολιτική του ΑΚΡ και συγκεκριμένα την περίοδο μετά το 2007. Γίνεται ιδιαίτερη αναφορά στη θεωρία του «Στρατηγικού Βάθους» του Αχμέτ Νταβούτογλου, στη «κρυφή ισλαμική ατζέντα» του κυβερνώντος ΑΚΡ, στις σχέσεις Τουρκίας – Ιράν καθώς και στις δυνάμεις που συνθέτουν την εκλογική βάση του Κόμματος Ανάπτυξης και Δικαιοσύνης. Οι συλλήψεις στρατιωτικών και επιφανών προσωπικοτήτων της Τουρκικής δημόσιας ζωής στα πλαίσια έρευνας για σχέδια πραξικοπήματος έρχεται να ενισχύσει τον προβληματισμό των Αμερικανών διπλωμάτων για το Quo Vadis Turkiye…

Κατ'ουσίαν οι θεματικές που προσεγγίζουν οι Αμερικανοί διπλωμάτες είναι οι εξής:

Α) Η εξωτερική πολιτική του ΑΚΡ
Β) Το ΑΚΡ και τα Ισλαμικά Τάγματα
Γ) Οι Ισλαμικές επιχειρηματικές ενώσεις
Δ) Η Εργκενεκόν και τα σχέδια πραξικοπήματος
Ε) Οι σχέσεις Τουρκίας - Ιράν

Θα εξετάσουμε αναλυτικά τις εν λόγω θεματικές ενότητες καθώς η κατανόηση τους αποτελεί βασική προυπόθεση για την αποκωδικοποίηση των διπλωματικών εγγράφων που αφορούν στην Τουρκία. Η ύπαρξη 8 χιλιάδων εγγράφων (αν και εφόσον δημοσιευτούν στο σύνολο τους) αποτελεί πρόκληση για κάθε σοβαρό αναλυτή της γείτονος χώρας και παράλληλα απαιτεί τη γνώση των πολιτικών, κοινωνικών και οικονομικών παραμέτρων που συνθέτουν την σύγχρονη Τουρκία.

Φιλοδοξούμε το παρόν βιβλίο να αποτελέσει οδηγό και αντικείμενο προβληματισμού των αρμοδίων κρατικών οργάνων χάραξης εξωτερικής πολιτικής. Διότι στην αντίπερα όχθη του Αιγαίου Πελάγους δεν έχουμε ένα κράτος με τα γνώριμα ευρωπαϊκά χαρακτηριστικά αλλά μία χώρα η οποία συνδυάζει την ανάπτυξη σε τομείς έρευνας και τεχνολογίας με το Σουφικό μυστικισμό, την Κοινωνία πολιτών (δυτικού τύπου) με τα Ισλαμικά τάγματα, τον εθνικισμό των Γκρίζων Λύκων με το παν-Ισλαμισμό των Νεο-οθωμανών.

Η εξωτερική πολιτική του ΑΚΡ

Σε αντίθεση με το Εθνικό Κόμμα Σωτηρίας (MSP) και το Κόμμα Ευημερίας (RP) του Ισλαμιστή πολιτικού ηγέτη Νεσμετίν Ερμπακάν τα οποία απέρριπταν τους δεσμούς με τη Δύση και ακολούθησαν μια αντι-δυτική φρασεολογία και πρακτική, το ΑΚΡ έχει υιοθετήσει το δυτικό προσανατολισμό της Τουρκίας και έχει δώσει προτεραιότητα στους ισχυρούς δεσμούς με τη Δύση και ιδιαίτερα την ένταξη στην Ε. Ε. Συγχρόνως, το ΑΚΡ έχει επιδιώξει να διευρύνει και να εμβαθύνει τους δεσμούς της Τουρκίας με άλλες γεωγραφικές ζώνες, ιδιαίτερα τη Μέση Ανατολή, τη Κεντρική Ασία, το Καύκασο και τα Βαλκάνια.

Η διαδικασία προσέγγισης της Τουρκίας με περιοχές εκτός της Δύσης άρχισε πολύ πριν την άνοδο του ΑΚΡ στην εξουσία (το 2002). Την περίοδο Οζάλ (1983-1993), η Τουρκία κατέβαλε προσπάθεια να συνάψει στενούς δεσμούς με τη Κεντρική Ασία. Αλλά η επιλογή του ΑΚΡ να ενισχυθούν οι σχέσεις της Τουρκίας με περιοχές όπου διαθέτει ισχυρούς ιστορικούς και πολιτιστικούς δεσμούς οφείλεται στο θεωρητικό πλαίσιο του «Στρατηγικού Βάθους» του Τούρκου Υπουργού Εξωτερικών Αχμέτ Νταβούτογλου.

Ο καθηγητής Αχμέτ Νταβούτογλου

Ο Νταβούτογλου γεννήθηκε στις 26 Φεβρουαρίου 1959 στο Ικόνιο. Το 1983 αποφοίτησε από το πανεπιστήμιο του Βόσπορου (Τμήμα Πολιτικών Επιστημών). Το 1990 έγινε βοηθός καθηγητής στο Ισλαμικό Πανεπιστήμιο της Μαλαισίας όπου προήδρευσε του Τμήματος Πολιτικής επιστήμης (μέχρι το 1993) όταν και έγινε αναπληρωτής καθηγητής. Μεταξύ 1995-1999 εργάστηκε στο Πανεπιστήμιο του Μαρμαρά, διδάσκοντας στο Κέντρο Μεσο-Ανατολικών μελέτων και στο Κέντρο για την ασφάλεια των τραπεζικών εργασιών.

Μεταξύ 1998 -2002 ήταν επισκέπτης ομιλητής στη Στρατιωτική Ακαδημία και την Ακαδημία Πολέμου. Μετά τις εκλογές του Νοεμβρίου 2002 ορίστηκε σύμβουλος εξωτερικής πολιτικής παρά τω πρωθυπουργώ. Ο Νταβούτογλου δημοσίευσε αρκετά βιβλία και άρθρα σχετικά με την εξωτερική πολιτική τόσο στα τουρκικά όσο και στα αγγλικά. Τα βιβλία και τα άρθρα του έχουν μεταφραστεί επίσης σε διάφορες γλώσσες όπως στα ιαπωνικά, πορτογαλικά, ρωσικά, αραβικά, περσικά και αλβανικά. Την 1η Μαΐου 2009 διορίστηκε Υπουργός Εξωτερικών στη δεύτερη κυβερνητική θητεία Ερντογάν. Είναι παντρεμένος και έχει τέσσερα παιδιά. Μιλά αγγλικά, γερμανικά και αραβικά.

Το Στρατηγικό Βάθος (Stratejik Derinlik)

Ο Τούρκος Υπουργός Εξωτερικών Αχμέτ Νταβούτογλου στο βιβλίο του «Στρατηγικό Βάθος», το οποίο κυκλοφόρησε το 2001, τονίζει τη σημασία των γεωγραφικών, πολιτιστικών και ιστορικών δεσμών της Τουρκίας με τα Βαλκάνια, τη Κεντρική Ασία, τον Καύκασο και τη Μέση Ανατολή. Το δόγμα Νταβούτογλου πρεσβεύει μία πολυδιάστατη εξωτερική πολιτική που θα εξασφαλίζει τη σταθερότητα και την ευημερία και θα αναδεικνύει την Τουρκία σε δύναμη ασφάλειας και διαμεσολάβησης στην Ευρασία.

Η τοποθέτηση του στη θέση του συμβούλου εξωτερικής πολιτικής του τέως Υπουργού Εξωτερικών Αμπντουλάχ Γκιούλ του έδωσε την ευκαιρία να επηρεάσει άμεσα την τουρκική εξωτερική πολιτική. Ενώ θα ήταν λανθασμένο να υπερθεματιστεί η επιρροή Νταβούτογλου στη διαμόρφωση της τουρκικής εξωτερικής πολιτικής, πολλές από τις ιδέες του ιδιαίτερα η πρότασή του ότι η Τουρκία πρέπει να εκμεταλλευτεί την οθωμανική κληρονομιά της και να διαδραματίσει έναν πιο ενεργό ρόλο στη Μέση Ανατολή, έχει βρεί ισχυρή απήχηση μεταξύ των ηγετικών στελεχών του ΑΚΡ.

Τρία μεθοδολογικά εργαλεία και 5 αρχές δράσης στην εξωτερική πολιτική

Τα τελευταία χρόνια έχει αναπτυχθεί ένας έντονος προβληματισμός σχετικά με την στροφή της εξωτερικής πολιτικής της Τουρκίας. Μία μερίδα δυτικών αναλυτών και διπλωματών πρεσβεύει την άποψη ότι η Τουρκία έχει απομακρυνθεί από το Ατλαντικό άρμα και συμπλέει με εξτρεμιστικά κράτη όπως το Ιράν και η Συρία.

Οι θιασώτες της πολιτικής Νταβούτογλου υποστηρίζουν ότι η Τουρκία λειτουργεί βάση θεωρητικών μοντέλων και ακολουθεί την ίδια πολιτική σε όλες τις γεωγραφικές ζώνες δράσης. Ο Τούρκος ΥΠΕΞ έχει στο παρελθόν περιγράψει το θεωρητικό πλαίσιο ανάπτυξης της εξωτερικής του πολιτικής και επιμένει ότι η διαρροή των διπλωματικών εγγράφων από τη ιστοσελίδα Wikileaks θα αποδείξει περίτρανα τη συνοχή και τη συνέχεια της Τουρκικής διπλωματίας.

Ο Αχμέτ Νταβούτογλου δηλώνει σχετικά *«Οι δημογραφικές πραγματικότητες της Τουρκίας έχουν επιπτώσεις επίσης στην εξωτερική της πολιτική. Υπάρχουν περισσότεροι Βόσνιοι στην Τουρκία απ' ό, τι στη Βοσνία-Ερζεγοβίνη, περισσότεροι Αλβανοί στην Τουρκία απ' ό, τι στο Κόσοβο, περισσότεροι Τσετσένοι απ' ό, τι στη Τσετσενία, περισσότεροι Αμπχάζιοι απ' ό, τι στη Αμπχαζία της Γεωργίας και ένας σημαντικός αριθμός Αζέρων και Γεωργιανών. Κατά συνέπεια, οι περιφερειακές συγκρούσεις και η επίδραση που έχουν στους πληθυσμούς τους ασκούν άμεση επίδραση στη εξωτερική πολιτική της Τουρκίας. Ως αποτέλεσμα της παγκοσμιοποίησης, το τουρκικό κοινό παρακολουθεί τις διεθνείς εξελίξεις στενά. Ο εκδημοκρατισμός της Τουρκίας απαιτεί να ενσωματωθούν οι κοινωνικές απαιτήσεις στην εξωτερική πολιτική, ακριβώς όπως σε όλες τις ώριμες δημοκρατίες»*(Ινστιτούτο Brookings, 10/2010)

3 μεθοδολογικά εργαλεία

Ο Αχμέτ Νταβούτογλου χρησιμοποιεί 3 μεθοδολογικά εργαλεία άσκησης εξωτερικής πολιτικής. Η **πρώτη μεθοδολογική αρχή** είναι η οραματική προσέγγιση στα ζητήματα σε αντίθεση με τη νοοτροπία «διαχείρισης κρίσεων» που ρύθμιζε την εξωτερική πολιτική κατά τη διάρκεια της περιόδου του Ψυχρού πολέμου. Όπως εξηγεί ο Νταβούτογλου *« η Τουρκία έχει ένα όραμα για την Μέση Ανατολή. Αυτό το όραμα καλύπτει ολόκληρη την περιοχή. Δεν μπορεί να εξαντληθεί στον αγώνα κατά του PKK (Κουρδικό Εργατικό Κόμμα). Η Τουρκία μπορεί να χρησιμοποιήσει τη μοναδική γνώση της για τη Μέση Ανατολή και να λειτουργήσει αποτελεσματικά επί του εδάφους. Η πολιτική της Τουρκίας στο Λίβανο, οι προσπάθειές της να μεσολαβήσει μεταξύ της Συρίας και του Ισραήλ και να επιτύχει την παλαιστινιακή συμφιλίωση, οι προσπάθειές της να διευκολύνει τη συμμετοχή των ιρακινών Σουνιτικών ομάδων στις κοινοβουλευτικές εκλογές του 2005 και η εποικοδομητική συμμετοχή της στο ιρανικό πυρηνικό ζήτημα είναι αναπόσπαστα τμήματα ενός οράματος της Τουρκίας για τη Μέση Ανατολή.»*
(Ινστιτούτο Brookings, 10/2010)

Η **δεύτερη μεθοδολογική αρχή** είναι ότι η τουρκική εξωτερική πολιτική βασίζεται σε ένα «συνεπές και συστηματικό» πλαίσιο σε όλο τον κόσμο. Ο Νταβούτογλου εξηγεί ότι «*Το όραμα της Τουρκίας για τη Μέση Ανατολή δεν είναι σε αντίθεση με την πολιτική της στην κεντρική Ασία ή στα Βαλκάνια. Η προσέγγισή μας στην Αφρική δεν είναι διαφορετική από την προσέγγισή μας στην Ασία. Η Τουρκία επίσης ενεργά προσπαθεί να βελτιώσει τις σχέσεις με τις γειτονικές χώρες όπως την Ελλάδα, το Ιράκ, τη Ρωσική Ομοσπονδία, και τη Συρία*». (Ινστιτούτο Brookings, 10/2010*)*

Η **τρίτη μεθοδολογική αρχή** είναι η υιοθέτηση μιας νέας επικοινωνιακής πολιτικής και ενός διπλωματικού ύφους, τα οποία έχουν οδηγήσει στην επέκταση της τουρκικής «ήπιας δύναμης» (soft power) στην περιοχή. Ο Τούρκος ΥΠΕΞ τονίζει ότι «*αν και η Τουρκία διατηρεί ισχυρές Ένοπλες Δυνάμεις λόγω της επισφαλούς γειτονίας της, δεν απειλούμε τους άλλους. Αντ' αυτού, οι τούρκοι διπλωμάτες και οι πολιτικοί έχουν υιοθετήσει μια νέα γλώσσα στην περιφερειακή και διεθνή πολιτική που δίνει προτεραιότητα στην οικονομική δύναμη της Τουρκίας.*» (Ινστιτούτο Brookings, 10/2010)

Σχόλιο συγγραφέα: Βέβαια ο κύριος Νταβούτογλου δεν μας εξηγεί πως γίνεται να διατηρεί το casus belli έναντι της Ελλάδος αλλά παράλληλα να μην απειλεί τους γείτονες της...!

5 αρχές άσκησης εξωτερικής πολιτικής

Ο Νταβούτογλου εξιδεικεύει τις αρχές που διέπουν τη δράση της Τουρκικής διπλωματίας. Συγκεκριμένα, ο Τούρκος ΥΠΕΞ ορίζει ως πρώτη αρχή την **ισορροπία μεταξύ της ασφάλειας και της δημοκρατίας**. Δηλώνει σχετικά ότι «*η νομιμότητα οποιουδήποτε πολιτικού καθεστώτος προέρχεται από τη δυνατότητά του να παρέχει ασφάλεια και ελευθερία στους πολίτες του. Η ασφάλεια δεν πρέπει να είναι εις βάρος των ελευθεριών και των ανθρώπινων δικαιωμάτων στη χώρα. Από το 2002, η Τουρκία έχει προσπαθήσει να προωθήσει τις αστικές ελευθερίες χωρίς υπονόμευση της ασφάλειας. Αυτό είναι ένας φιλόδοξος στόχος - ιδιαίτερα μετά τη 11η Σεπτέμβριου - κάτω από την απειλή της τρομοκρατίας, στην οποία η γενική τάση ήταν να περιοριστούν οι ελευθερίες χάριν της ασφάλειας*». (Ινστιτούτο Brookings, 10/2010)

Ο Νταβούτογλου προασπίζεται **την αρχή των μηδενικών προβλημάτων** (δεύτερη αρχή) με τα γειτονικά κράτη. Οι σχέσεις της Τουρκίας με τους γείτονές της ακολουθούν τώρα μια συνεταιριστική βάση μέσω των Στρατηγικών Συμβουλίων Συνεργασίας. Υπάρχει μια αναπτυσσόμενη οικονομική αλληλοεξάρτηση μεταξύ της Τουρκίας και των γειτονικών χωρών της. Ο Νταβούτογλου δηλώνει σχετικά: «*Το 2009, παραδείγματος χάριν, επιτύχαμε ιδιαίτερη διπλωματική πρόοδο με την Αρμενία, η οποία εντούτοις παραμένει η πιο προβληματική σχέση στην πολιτική γειτονίας της Τουρκίας. Από το δεύτερο εξάμηνο του 2009 και μετά, η Τουρκία καθιέρωσε υψηλού επιπέδου στρατηγικές συνεδριάσεις των Συμβουλίων με το Ιράκ, τη Συρία, την Ελλάδα και τη Ρωσία. Αυτά είναι κοινά Υπουργικά Συμβούλια όπου διμερή πολιτικά, οικονομικά θέματα και προβλήματα ασφαλείας συζητούνται λεπτομερώς. Γίνονται επίσης προετοιμασίες για να καθιερωθούν παρόμοιοι μηχανισμοί με τη Βουλγαρία, το Αζερμπαϊτζάν και την Ουκρανία καθώς επίσης και άλλες γειτονικές χώρες. Η Τουρκία κατήργησε τις αιτήσεις θεωρήσεων (Visa) με τη Συρία, το Τατζικιστάν, την Αλβανία, το Λίβανο, την Ιορδανία, τη Λιβύη και τη Ρωσία. Το εμπόριο της Τουρκίας με τους γείτονες έχει αυξηθεί αισθητά τα τελευταία χρόνια*» (Ινστιτούτο Brookings, 10/2010)

Ο Τούρκος ΥΠΕΞ όριζει ως τρίτη αρχή τη **δυναμική και προληπτική διπλωματία ειρήνης** η οποία στοχεύει να λάβει μέτρα προτού προκύψουν κρίσεις και κλιμακωθούν σε κρίσιμο επίπεδο. Ο Νταβούτογλου εξηγεί ότι «*Η περιφερειακή πολιτική της Τουρκίας είναι βασισμένη στην ασφάλεια όλων, σε υψηλό επίπεδο πολιτικού διαλόγου, οικονομικής ένωσης και αλληλοεξάρτησης, καθώς και πολυπολιτισμικής συνύπαρξης. Άλλα παραδείγματα προληπτικής διπλωματίας αφορούν τις προσπάθειες της Τουρκίας να επιτύχει τη συμφιλίωση Σουνιτών και Σιιτών στο Ιράκ, τις προσπάθειες συμφιλίωσης στο Λίβανο και την Παλαιστίνη, τη συμφιλίωση Σερβίας-Βοσνίας στα Βαλκάνια, το διάλογο μεταξύ του Αφγανιστάν και του Πακιστάν και την ανοικοδόμηση του Νταρφούρ στο Σουδάν και της Σομαλίας*» (Ινστιτούτο Brookings, 10/2010)

Η τέταρτη αρχή είναι η άσκηση **πολυδιάστατης εξωτερικής πολιτικής**.

Οι σχέσεις της Τουρκίας με τις μεγάλες δυνάμεις στοχεύουν να είναι συμπληρωματικές και όχι ανταγωνιστικές. Ο Νταβούτογλου εκτιμά ότι «*μια τέτοια πολιτική είναι η στρατηγική σχέση της Τουρκίας με τις Ηνωμένες Πολιτείες μέσω των διμερών στρατηγικών δεσμών των δύο χωρών και μέσω του ΝΑΤΟ. Θεωρώ τη διαδικασία ένταξης στην Ε.Ε , την πολιτική καλής γειτονίας με τη Ρωσία ως αναπόσπαστα τμήματα μιας συνεκτικής πολιτικής που χρησιμεύει να συμπληρώνει η μια την άλλη. Αυτό σημαίνει ότι οι καλές σχέσεις με τη Ρωσία δεν είναι μια εναλλακτική λύση στις σχέσεις με την Ε.Ε. Ούτε είναι η συνεργασία με τις Ηνωμένες Πολιτείες ανταγωνιστική προς τη Ρωσία*» (Ινστιτούτο Brookings, 10/2010)

Η πέμπτη αρχή είναι η **ρυθμική διπλωματία**

Ο Νταβούτογλου εξηγεί ότι «*αυτό υπονοεί την ενεργό συμμετοχή σε όλους τους διεθνείς οργανισμούς και σε όλα τα ζητήματα παγκόσμιας σημασίας. Η Τουρκία έγινε μη μόνιμο μέλος του Συμβουλίου Ασφαλείας των Η.Ε και προεδρεύει τριών κρίσιμων επιτροπών σχετικά με το Αφγανιστάν, τη Βόρεια Κορέα, και τον αγώνα ενάντια στη τρομοκρατία. Η Τουρκία είναι επίσης μέλος του G-20, διατηρεί θέση παρατηρητή στην Αφρικανική Ένωση, έχει έναν στρατηγικό μηχανισμό διαλόγου με το Συμβούλιο Συνεργασίας του Κόλπου και συμμετέχει ενεργά στο Αραβικό Σύνδεσμο. Η Τουρκία έχει προωθήσει επίσης νέες διπλωματικές πρωτοβουλίες με το άνοιγμα 15 νέων πρεσβειών στην Αφρική και δύο στη Λατινική Αμερική, και υπέγραψε το Πρωτόκολλο του Κιότο. Αυτές οι εξελίξεις παρουσιάζουν τη νέα προοπτική της Τουρκίας, που είναι βασισμένη στο όραμα, την ήπια δύναμη και την εφαρμογή των συνεκτικών εξωτερικών πολιτικών σε διαφορετικά μέρη του κόσμου*». (Ινστιτούτο Brookings, 10/2010)

Οι φιλόδοξοι στόχοι της Τουρκίας για την επόμενη δεκαετία

Ο Νταβούτογλου ιεραρχεί τις προτεραιότητες της Τουρκικής εξωτερικής πολιτικής για την επόμενη δεκαετία «*Η Τουρκία έχει θέσει φιλόδοξους στόχους κατά τη διάρκεια της επόμενης δεκαετίας. Κατ' αρχάς, στοχεύει να ολοκληρώσει τις διαπραγματεύσεις με την Ε. Ε. και να γίνει πλήρες μέλος της ΕΕ μέχρι το 2023. Δεύτερον, θα συνεχίσει να προωθεί την περιφερειακή ολοκλήρωση, σε επίπεδο ασφάλειας και οικονομικής συνεργασίας. Τρίτον, θα επιδιώξει να διαδραματίσει καταλυτικό ρόλο στην περιφερειακή επίλυση συγκρούσεων. Τέταρτο, θα συμμετάσχει σθεναρά σε όλους τους διεθνείς οργανισμούς. Πέμπτο, θα διαδραματίσει καθοριστικό ρόλο στους διεθνείς οργανισμούς και θα γίνει μια από τις 10 μεγαλύτερες οικονομίες στον κόσμο. Αυτοί οι στόχοι φιλοδοξούν να χτίσουν μια ισχυρή και αξιοσέβαστη*

Τουρκία που είναι σε θέση να συμβάλει στην παγκόσμια κοινότητα. Για να τους επιτύχει, η Τουρκία πρέπει να προχωρήσει σε όλες τις κατευθύνσεις και σε κάθε τομέα, να δείξει ενδιαφέρον για κάθε ζήτημα σχετικό με τη παγκόσμια σταθερότητα και να συμβάλει αναλόγως. Αυτή η συλλογική προσπάθεια θα κάνει την Τουρκία έναν παγκόσμιο παίκτη σε αυτόν τον αιώνα. Οι ενέργειες της Τουρκίας παρακινούνται από μια μεγάλη αίσθηση ευθύνης, που οφείλεται στην πλούσια ιστορική και γεωγραφική κληρονομιά της». (Ινστιτούτο Brookings, 10/2010)

Τα μέχρι σήμερα αποτελέσματα της Εξωτερικής πολιτικής Νταβούτογλου

Οι σχέσεις με την Ευρώπη

Το ΑΚΡ έχει αναδείξει την ένταξη της Τουρκίας στην Ε.Ε σε κεντρικό πυλώνα της εξωτερικής πολιτικής του. Η κυβέρνηση Ερντογάν έδωσε καταρχήν προτεραιότητα στις μεταρρυθμίσεις (2003-2006) αλλά οι θέσεις Σαρκοζί/Μέρκελ περί «ειδικής σχέσης» της Ε.Ε. με τη Τουρκία καθώς και η μη αναγνώριση της Κυπριακής Δημοκρατίας μέσω του Πρωτοκόλλου της Άγκυρας έχουν οδηγήσει σε de facto πάγωμα των ενταξιακών διαπραγματεύσεων. Η Τουρκία θεωρεί ότι οι Ευρωπαίοι χρειάζονται τους Τούρκους περισσότερο από ότι οι Τούρκοι την Ευρώπη. Προβάλλουν ως δέλεαρ τη γεωστρατηγική σημασία της χώρας τους ως ενεργειακός κόμβος μεταφοράς πετρελαίου και φυσικού αερίου προς την Ε.Ε αλλά και είσοδο στις αγορές της Μέσης Ανατολής και της Κεντρικής Ασίας για τις Ευρωπαικές εξαγωγές.

Η απογοήτευση για την ΕΕ έχει αυξηθεί μέσα στους κόλπους του ΑΚΡ. Η απόφαση του Ευρωπαϊκού Δικαστηρίου Ανθρωπίνων Δικαιωμάτων (Ιούνιος 2004) που υποστήριζε το δικαίωμα της Διοίκησης των πανεπιστημίων να απαγορεύσουν την είσοδο φοιτητών με ισλαμική μαντίλα γεγονός που ήρθε ως καταπέλτης σε πολλά μέλη του ΑΚΡ οδήγησε σε προβληματισμό για τη φιλο-ευρωπαϊκή πολιτική του κόμματος. Το 2004, το 73% του τουρκικού πληθυσμού υποστήριζε την ένταξη στην Ε.Ε. Το ποσοστό έπεσε στο 54% το 2006 και στο 40% το 2007.

Ο αναπληρωτής πρωθυπουργός της Τουρκίας **Ali Babacan** μιλώντας σε επιτροπή στο Παγκόσμιο Οικονομικό Φόρουμ 2011 (στο Davos) είπε: *«Σκεφτόμαστε πάντα ότι η ΕΕ είναι ένα μεγάλο πρόγραμμα ειρήνης αλλά η διαδικασία διεύρυνσης χρονοτρίβησε κυριολεκτικά. Η πολιτική ανοιχτών θυρών δεν είναι πλέον προτεραιότητα (για την Ε.Ε) γιατί η Τουρκία δεν μπορεί να γίνει μέλος της Ευρωπαϊκής οικογένειας επειδή η Ε.Ε είναι μια χριστιανική λέσχη. Αυτό κατά την άποψή μας είνα πολύ, πολύ επικίνδυνο».* (TWJ , 2/2011)

Ο **Εγεμέν Μπαγίς**, υπεύθυνος των διαπραγματεύσεων για την ενταξιακή πορεία της Τουρκίας στην Ε.Ε, δήλωσε πρόσφατα ότι *« Η Τουρκία έχει πέντε σαφείς απαιτήσεις από την ΕΕ. Η Τουρκία επιθυμεί μια δίκαιη διαδικασία διαπραγματεύσεων. Η Τουρκία θέλει τη κατάργηση θεωρήσεων (Visa) με την ΕΕ. Η Τουρκία επιθυμεί τη συνεργασία με την ΕΕ ενάντια στην τρομοκρατία (PKK). Η Τουρκία θέλει το ζήτημα της Κύπρου να μην έχει επιπτώσεις στις διαπραγματεύσεις με την ΕΕ. Και η Τουρκία θέλει να προσκαλείται σε όλες τις Συνόδους κορυφής της ΕΕ».* (TWJ , 2/2011)

Οι σχέσεις με την Ελλάδα

Η κατασκευή του Ελληνο-Τουρκικού αγωγού φυσικού αερίου και η εξαγορά της Finansbank από την Εθνική Τράπεζα αποτελούν δύο σημαντικά οικονομικά γεγονότα που καταδεικνύουν την πολιτική στήριξη των κυβερνήσεων Ελλάδας – Τουρκίας στην ενδυνάμωση του διμερούς επιχειρηματικού κλίματος. Το διμερές εμπορικό ισοζύγιο την τελευταία δεκαετία (1999-2009) είναι θετικό για την Τουρκία ενώ έχουν αυξηθεί οι συναντήσεις μεταξύ εμπορικών επιμελητηρίων. Η Τουρκική κρατική εταιρία Ziraat Bankasi έχει ανοίξει υποκαταστήματα σε Αθήνα και Θράκη ενώ αρκετές δεκάδες Ελληνικές εταιρίες συμμετέχουν σε κοινοπραξίες με Τούρκους επιχειρηματίες στη Τουρκική αγορά αλλά και στην Κεντρική Ασία.

Οι εξαγωγές προς την Τουρκία καλύπτουν σήμερα το 4,5% του συνόλου των ελληνικών εξαγωγών. Για τη Τουρκία το αντίστοιχο ποσοστό είναι 1,9%. Αξιοσημείωτο είναι ότι οι ελληνικές εξαγωγές προς την Τουρκία καλύπτουν μόνο τα 3/5 των Τουρκικών εξαγωγών προς την Ελλάδα. Ως εκ τούτου η οικονομική διάσταση της ελληνικής εξωτερικής πολιτικής έναντι της Τουρκίας είναι πολύ σημαντική και επηρεάζει καταλυτικά και τις πολιτικές επιλογές της Ελλάδας σε θέματα όπως το Αιγαίο και η Κύπρος.

Η Τουρκία ασκεί νέο-οθωμανική οικονομική πολιτική και κατευθύνει τις εξαγωγές της σε πολλές και διαφορετικές γεωγραφικές ζώνες. Οι κατασκευαστικές της εταιρείες χτίζουν κυριολεκτικά τη Κεντρική Ασία, το Καύκασο και το Βόρειο Ιράκ. Ο πρόεδρος Γκιούλ ταξιδεύει στην Ευρασία συνεχώς «κλείνοντας συμβόλαια» για τις εταιρίες που στηρίζουν το ΑΚΡ.

Ενδεικτικό είναι ότι ενώ η Τουρκία βρίσκεται στην 6η θέση στον κατάλογο των Ελληνικών εξαγωγών (ξεπερνώντας και την Κύπρο) η Ελλάδα βρίσκεται εκτός των 15 σημαντικότερων εμπορικών εταίρων στην αντίστοιχη Τουρκική λίστα. Επομένως το επιχείρημα ότι η ανάπτυξη των οικονομικών σχέσεων θα λύσει ή θα βοηθήσει στην επίλυση των προβλημάτων των Ελληνο-τουρκικών σχέσεων λόγω οικονομικής αλληλεξάρτησης δεν φαίνεται να λειτουργεί υπέρ της πατρίδος μας.

Η Τουρκία δεν έχει πολλά να χάσει, προς το παρόν, από μία σοβαρή διατάραξη των σχέσεων της με την Ελλάδα. Αντιθέτως για την Ελλάδα το 4,5% των εξαγωγών της προς την Τουρκία εμπεριέχει τεράστιο οικονομικό κόστος σε μελλοντικές πολιτικές κρίσεις. Παράλληλα οι άμεσες επενδύσεις της Ελλάδας στη Τουρκία (κυρίως τραπεζικές εξαγωγές) δεν αντισταθμίζονται από τις αντίστοιχες Τουρκικές που κρίνονται προς το παρόν ανύπαρκτες και λόγω Ελληνικής γραφειοκρατίας.

Το Μάιο του 2010, η κυβέρνηση Παπανδρέου μετά από πρόταση του Αχμέτ Νταβούτογλου συνυπέγραψε την ίδρυση Στρατηγικού Συμβουλίου Συνεργασίας. Το όλο εγχείρημα αποτελεί Τουρκική πρωτοβουλία η οποία εφαρμόζει την *αρχή μηδενικών προβλημάτων με τους γείτονες*. Στόχος του Συμβουλίου είναι η προώθηση των σχέσεων σε τομείς χαμηλής πολιτικής όπως ο τουρισμός, το εμπόριο, η ενέργεια, οι μεταφορές κλπ

Η Τουρκική κυβέρνηση εμφανίζεται αδιάλλακτη στα θέματα του Αιγαίου διατηρώντας το casus belli καθώς και σε θέματα ΑΟΖ στην Ανατολική Μεσόγειο. Όσον αφορά τα μειονοτικά θέματα εφαρμόζει την αρχή της αμοιβαιότητας ακόμα και σε υποθέσεις που έχουν τελεσιδικήσει εις βάρος της στο ΕΔΑΔ. Η κυβέρνηση Παπανδρέου αντιθέτως υπόσχεται μέχρι και εξετάσεις διπλώματος οδήγησης στα Τούρκικα για τους μουσουλμάνους της Δυτικής Θράκης...!

Η Ελλάς είναι γεωγραφικά και ιστορικά καταδικασμένη να γειτνιάζει με ένα δύστροπο και απαιτητικό γείτονα που λέγεται Τουρκία. Το οικονομικό, γεωγραφικό και δημογραφικό μέγεθος της δημιουργεί πονοκέφαλο σε όσους σοβαρούς ιθύνοντες έχουν απομείνει στη χώρα μας. Αναφέρω ενδεικτικά μελέτη του Πανεπιστημίου Sabanci η οποία προβλέπει ότι ο πληθυσμός της Τουρκίας θα φτάσει τα 90 εκ. το 2025 (σε 14 χρόνια δηλαδή) και τα 98 εκ. το 2050. Την ίδια στιγμή 1 στους 2 πολίτες της Τουρκίας θα είναι νεότερος των 35 ετών. Η Ελλάς υπολογίζεται να έχει (το 2050) 9 εκ. ψυχές με τη συντριπτική πλειοψηφία αυτών άνω των 45 ετών.

Όπως μας πληροφορεί ο **Ali Kulebi**, πρόεδρος του Κέντρου Στρατηγικών Μελετών (TUSAM) *"μέχρι τις αρχές του 1990 οι απειλές για την εθνική ασφάλεια της Τουρκίας πήγαζαν από το Σύμφωνο της Βαρσοβίας (Ανατολικό μπλόκ), την Ελλάδα (Κύπρος, Αιγαίο) και τη Συρία (Χατάι, διαχείριση Τίγρη-Ευφράτη, ΡΚΚ). Το διάστημα 1990-1999 η Σοβιετική απειλή παύει να ισχύει και προστίθεται η Αρμενία στις χώρες άμεσης / δυνητικής απειλής. Μετά το 1999 η Συρία παύει να αποτελεί απειλή για την Τουρκία και παραμένει η Αρμενία και η Ελλάδα».* (eurasiacritic, 3/2009)

Ο Ali Kulebi εκτιμά ότι *" η Ελληνική στρατηγική περικύκλωσης της Τουρκίας, από τη Λήμνο μέχρι τη Κύπρο άρχισε να ευθυγραμμίζεται με το καθεστώς της Κουρδικής Αυτόνομης Διοίκησης στο Βόρειο Ιράκ μετά το 2003. Τα κομμάτια που λείπουν στο puzzle της περικύκλωσης Ελλάδας – Κούρδων του Ιράκ – Αρμενίας είναι η Συρία και το Ιράν".* (eurasiacritic, 3/2009)

Ο πρόεδρός του TUSAM είναι σαφής: *"Το Αιγαίο, η Κύπρος, ο Νότιος Καύκασος και η γραμμή Mousul – Kirkuk – Telafer στο Βόρειο Ιράκ αποτελούν τις περιοχές επιβίωσης της Τουρκίας. Συγκεκριμένα, το Αιγαίο λόγω των ενεργειακών του πόρων και την επικοινωνία Μαύρης Θάλασσας – Μεσογείου. Η Κύπρος λόγω της Τουρκικής μειονότητας και των στρατηγικών συμφερόντων της Τουρκίας στη Ανατολική Μεσόγειο. Το Βόρειο Ιράκ λόγω των ενεργειακών αποθεμάτων και των αγωγών που διασχίζουν την περιοχή. Ο Νότιος Καύκασος λόγω των ενεργειακών αγωγών και τη διέξοδο στη τουρκόφωνη Κεντρική Ασία."* (eurocritic, 3/2009)

Οι σχέσεις με τις ΗΠΑ

Οι σχέσεις της Τουρκίας με τις Ηνωμένες Πολιτείες έχουν δεχτεί σοβαρές πιέσεις. Η περίοδος εντάσεων στις διμερείς επαφές ξεκινάει μετά τον πρώτο πόλεμο του Κόλπου (το 1991). Δημιουργήθηκε μια de facto κουρδική κρατική οντότητα στο Βόρειο Ιράκ υπό την προστασία των ΗΠΑ. Η τουρκική ηγεσία αντιτάχτηκε έντονα στην εισβολή, καθώς φοβόταν ότι θα οδηγούσε σε μια άνοδο της αστάθειας στα νότια σύνορά της και θα επιδείνωνε το πρόβλημά της με τους Κούρδους αυτονομιστές του ΡΚΚ.

Αυτοί οι φόβοι έχουν ενισχυθεί από την επανέναρξη των ένοπλων επιθέσεων του ΡΚΚ (2004). Η Άγκυρα έχει επανειλημμένα ζητήσει την Αμερικανική βοήθεια για να εξουδετερώσει την απειλή του PKK. Μέχρι πρόσφατα, οι Ηνωμένες Πολιτείες ήταν απρόθυμες να λάβουν στρατιωτικά μέτρα ενάντια στο PKK ή να δώσουν το πράσινο φως στους Τούρκους να πραγματοποιήσουν μονομερές στρατιωτικό χτύπημα ενάντια στο PKK. Υπήρχε ο φόβος ότι τέτοιες ενέργειες θα μπορούσαν να αποσταθεροποιήσουν το βόρειο Ιράκ, το οποίο είναι σχετικά υπό έλεγχο σε σύγκριση με το υπόλοιπο της χώρας.

Η αρχική απροθυμία των Ηνωμένων Πολιτειών να λάβει στρατιωτικά μέτρα ενάντια στο PKK δημιούργησε σοβαρές εντάσεις στις σχέσεις με την Τουρκία και σε μια δραματική αύξηση του αντιαμερικανικού συναισθήματος στην Τουρκία από το 2004. Εντούτοις, οι σχέσεις έχουν αρχίσει να βελτιώνονται από το Νοέμβριο του 2007 μετά την επίσκεψη Ερντογάν στην Ουάσιγκτον.

Κατά τη διάρκεια της επίσκεψης, ο Πρόεδρος Bush συμφώνησε να παρέχει στην Τουρκία πληροφορίες on line ενάντια στο PKK και εμφανίστηκε να δίνει στη Τουρκία το πράσινο φως για περιορισμένους βομβαρδισμούς ενάντια στα στρατόπεδα του PKK στο βόρειο Ιράκ. Η Τουρκία έχει πραγματοποιήσει αρκετές αεροπορικές επιχειρήσεις ενάντια στα Κουρδικά στρατόπεδα στο όρος Καντίλ αλλά έχει αποφύγει οποιαδήποτε στρατιωτική εισβολή στο βόρειο Ιράκ. Οι μελλοντικές σχέσεις θα εξαρτηθούν από τη φύση της αμερικανικής υποστήριξης προς την Τουρκία ενάντια στο PKK, τη διαχείριση της κρίσης με το Ισραήλ και το Ιράν αλλά και την προώθηση ή μη του ψηφίσματος για την γενοκτονία των Αρμενίων στο Κογκρέσο.

Οι σχέσεις με τη Ρωσία

Κατά τη διάρκεια του Ψυχρού πολέμου, οι σχέσεις με τη Μόσχα ήταν προβληματικές λόγω των προσπάθειών της Μόσχας να επεκτείνει την επιρροή της στη Μεσόγειο και τη Μέση Ανατολή καθώς επίσης και την υποστήριξή της προς το PKK.

Εντούτοις, από το τέλος του ψυχρού πολέμου, οι δεσμοί της Τουρκίας με τη Ρωσία έχουν βελτιωθεί αισθητά, ειδικά στην οικονομική σφαίρα. Η Ρωσία είναι ο μεγαλύτερος εμπορικός εταίρος και ο μεγαλύτερος προμηθευτής φυσικού αερίου της Τουρκίας. Η Τουρκία εισάγει 65% του φυσικού αερίου της και 20% του πετρελαίου της από τη Ρωσία.

Οι ρωσικές επενδύσεις στην Τουρκία, ειδικά στην ενέργεια, στον τουρισμό και στους τομείς των τηλεπικοινωνιών έχουν αυξηθεί ορατά τα τελευταία χρόνια. Η βελτίωση στις σχέσεις με τη Μόσχα άρχισε πολύ πριν έρθει το ΑΚΡ στην εξουσία. Εντούτοις, έχει επιταχύνθει από την κυβέρνηση Ερντογάν. Το Δεκέμβριο του 2004, ο Πρόεδρος Πούτιν έγινε ο πρώτος Ρώσος αρχηγός κράτους που επισκέφτηκε την Τουρκία τα τελευταία 32 έτη. Η επίσκεψη στέφθηκε από μια δήλωση για τη «εμβάθυνση της φιλίας και της πολυδιάστατης συνεργασίας» που αναφέρεται σε ένα ευρύ φάσμα κοινών ενδιαφερόντων και της αμοιβαίας εμπιστοσύνης που έχουν αναπτυχθεί μεταξύ των δύο χωρών τα τελευταία χρόνια. Από τότε, οι υψηλού επιπέδου πολιτικές και στρατιωτικές επαφές μεταξύ της Άγκυρας και της Μόσχας έχουν ενταθεί.

Πρόσφατα ξεκίνησαν οι προετοιμασίες για την σύσταση Συμβουλίου Στρατηγικής Συνεργασίας Ρωσίας – Τουρκίας στα πλαίσια της αρχής περί μηδενικών προβλημάτων με τους γείτονες. Οι δύο χώρες είναι ανταγωνιστές στην Κεντρική Ασία και τον Καύκασο, όπου η Ρωσία έχει μεγάλα συμφέροντα και αυτοκρατορικές φιλοδοξίες. Επιπλέον, μια στρατηγική συμμαχία με τη Ρωσία θα απαιτούσε από την Τουρκία να περιορίσει τους δεσμούς της με την Ευρώπη, που αποτελεί αγορά για το 50% των εξαγωγών της. Η δράση του δικτύου της κοινότητας Γκιουλέν έχει επίσης προκαλέσει την καχυποψία των Ρωσικών Υπηρεσιών Πληροφοριών όσον αφορά στην διαχείριση των μουσουλμάνων του Καυκάσου.

Οι σχέσεις με τη Μέση Ανατολή

Οι σχέσεις με τη Σαουδική Αραβία έχουν ενισχυθεί μετά και την επίσκεψη του Βασιλιά Αμπντουλάχ στην Τουρκία τον Αύγουστο του 2006, (η πρώτη επίσκεψη μετά από 40 έτη). Τα τελευταία χρόνια οι εξαγωγές Τουρκικού αμυντικού υλικού προς τη Σαουδικά Αραβία έχουν αυξηθεί αισθητά. Και οι δύο χώρες έχουν προσπαθήσει επίσης να ενδυναμώσουν την αραβο-ισραηλινή διαδικασία ειρήνης, καθώς επίσης και την αυξανόμενη δύναμη του Ιράν. Οι δεσμοί με την Αίγυπτο, μια άλλη περιφερειακή δύναμη, έχουν ενισχυθεί επίσης κυρίως στο οικονομικό επίπεδο και τις Τουρκικές απευθείας επενδύσεις στο τομέα της υφαντουργίας.

Η Μέση Ανατολή απεικονίζει την αυξανόμενη αναγνώριση εκ μέρους της Τουρκικής ηγεσίας ότι η σταθερότητα στα νότια σύνορα της Τουρκίας απαιτεί ενεργή συνεργασία με τους άραβες γείτονες της και τη βαθύτερη συμμετοχή τουςστις προσπάθειες περιφερειακής ειρήνης. Εντούτοις, υπάρχουν σημαντικά πολιτιστικά και ιστορικά εμπόδια σε μια ενδυνάμωση των δεσμών της Τουρκίας με τις μουσουλμανικές χώρες.

Η συμφωνία για τη κατάργηση των θεωρήσεων (VISA) και η δημιουργία ζώνης ελεύθερου εμπορίου μεταξύ Τουρκίας, Συρίας, Λιβάνου και Ιορδανίας προκειμένου να επιτευχθεί αύξηση των συναλλαγών στα 1.5 τρις δολλάρια πρέπει να ληφθεί υπόψη ως σημαντική συμφωνία όχι μόνο υπό οικονομική έννοια αλλά και επίσης ως πρώτο βήμα για την ίδρυση μιας ένωσης των χωρών της Μέσης Ανατολής. Ο Σύριος υπουργός Yaraub Badr δήλωσε ότι *«αυτή δεν είναι μόνο μια απλή συμφωνία αλλά ένα βήμα προς μια ένωση στη Μέση Ανατολή»* (TZ, 3/2010)

Ο Νταβούτογλου δήλωσε σχετικά ότι *«ο τουρκικός και αραβικός κόσμος μπορεί να δημιουργήσει τη σημαντικότερη στρατηγική ζώνη, από το Καρς μέχρι το Μαρόκο και τη Μαυριτανία, από τη Σινόπη μέχρι το νοτιοανατολικό τμήμα του Σουδάν, από το Βόσπορο στο Κόλπο του Άντεν και των Δαρδανελίων».* (TZ, 3/2010)

Η **Zeyno Baran**, τέως διευθύντρια του Κέντρου Ευρασίας του Αμερικανικού Ινστιτούτου Hudson θα γράψει σε σχετικό άρθρο της *«Οι προκλήσεις για την Τουρκία αυξάνονται αλλά με το ισχυρό φιλελεύθερο οικονομικό και πολιτικό σύστημα της, η Τουρκία παραμένει ένας υπεύθυνος παίκτης στη διεθνή σκηνή. Η Τουρκία θα παραμείνει σε Δυτική πορεία αλλά θα διατηρήσει επίσης σημαντική επιρροή στο Νότο και στον Ισλαμικό κόσμο καθώς επίσης και στην Αφρική. Ο ρόλος της Τουρκίας ως μεσογειακή δύναμη θα βοηθήσει επίσης να κάνει τη μεσογειακή ένωση μια στρατηγική επιτυχία. Η εξωτερική πολιτική της Άγκυρας δεν έχει αλλάξει αλλά μάλλον αποτελεί συνέχεια των παραδοσιακών ρεαλιστικών πολιτικών της τουρκικής Δημοκρατίας. Σε τελική ανάλυση, η Τουρκία επιδιώκει να γίνει διεθνής παίκτης.»* (Hudson.org, 12/2008)

Το ΑΚΡ και ο ρόλος των Ισλαμικών Ταγμάτων

Η ταυτότητα του ΑΚΡ

Όταν το Κόμμα της Ευημερίας (Refah Partisi) του Ισλαμιστή ηγέτη Ερμπακάν κέρδισε τις κοινοβουλευτικές εκλογές του 1995, επικαλέσθηκε το πολιτικό Ισλάμ και υιοθέτησε μια σαφή στάση ενάντια στην ΕΕ και το ΝΑΤΟ υποστηρίζοντας αντ' αυτού μια ισλαμική κοινή αγορά και ένα ισλαμικό ΝΑΤΟ. Υιοθέτησε μία αντι-ισραηλινή φρασεολογία και προσπάθησε να σφυρηλατήσει στενότερους δεσμούς με το Ιράν, τη Λιβύη και τη Συρία.

Αυτές οι πολιτικές αποτέλεσαν την κόκκινη γραμμή για την κοσμική πολιτική ελίτ και το στρατιωτικό κατεστημένο με αποτέλεσμα (το 1997) το Εθνικό Συμβούλιο Ασφαλείας να οδηγήσει σε παραίτηση το Κόμμα της Ευημερίας γεγονός που έμεινε γνωστό στην ιστορία ως «μεταμοντέρνο πραξικόπημα». Το Κόμμα του Ερμπακάν απαγορεύτηκε από το Συνταγματικό Δικαστήριο δύο φορές (το 1999 και το 2001) με τη κατηγορία της υπονόμευσης του κοσμικού χαρακτήρα της Τουρκικής Δημοκρατίας. Ο Ερμπακάν καταδικάστηκε σε απαγόρευσης άσκησης πολιτικών δικαιωμάτων για μία περίοδο 5 ετών.

Οι παρασκηνιακές κινήσεις που δρομολογούνται στις αρχές του 2000 οδηγούν στη δημιουργία του Κόμματος Ανάπτυξης και Δικαιοσύνης (ΑΚΡ). Πρόκειται για το αποτέλεσμα επαφών και συνασπισμών μεταξύ διαφόρων κοινοτήτων των Nakshibendi και Nurcu στις οποίες βασικό μεσολαβητικό ρόλο παίζει ο Τζουνέιντ Ζαπσου. Ο εν λόγω παράγοντας είναι επιχειρηματίας και σκιώδης διπλωμάτης. Πρόκειται για προσωπικότητα που ανήκει στην αριστοκρατία της Πόλης και έπαιξε καταλητικό ρόλο για την προώθηση της εικόνας του ΑΚΡ και του Ερντογάν στους κύκλους της Ουάσιγκτον. Βρίσκεται πολύ κοντά στους νεοσυντηρητικούς των ΗΠΑ όπως ο Paul Wolfowitz και παρουσίασε τον Ερντογάν στους φιλο-ισραηλινούς κύκλους των ΗΠΑ τον Ιανουάριο του 2002, μόλις 10 μήνες πριν τις κοινοβουλευτικές εκλογές που κέρδισε το ΑΚΡ.

Ο Ζαπσού οραματιζόταν την ένωση της δεξιάς συντηρητικής παράταξης στα πρότυπα του Δημοκρατικού Κόμματος του Μεντερές και ένωσε τις μεγάλες δυναστείες των Τομπάς και Οζάλ οι οποίες ηγούνται των κοινοτήτων Erenkoy και Iskender Pasa αντίστοιχα. Είναι χαρακτηριστικό ότι σήμερα τα μέγαλα τάγματα και κοινότητες αλληλοσυνδέονται με ισχυρά συμφέροντα και εταιρίες όπου είναι συνέταιροι. Εν ολίγοις το ΑΚΡ αποτελεί σήμερα την πολιτική έκφραση της συμμαχίας των Ισλαμικών Ταγμάτων και κοινοτήτων.

Ο τέως Δήμαρχος της Κων/πολης (1994-1998), Ταγίπ Ερντογάν μαζί με τη μεταρρυθμιστική πτέρυγα του Refah Partisi διαχώρισε τη θέση του από τη σκληροπυρηνική ιδεολογία του Κόμματος Ευημερίας του Ερμπακάν και προχώρησε στη ίδρυση του ΑΚΡ. Το Κόμμα Ανάπτυξης και Δικαιοσύνης (ΑΚΡ) κέρδισε τις εκλογές του Νοεμβρίου 2002, λαμβάνοντας το 34% των ψήφων. Η ηγεσία του ΑΚΡ αυτοχαρακτηρίστηκε «συντηρητικοί δημοκράτες», και τόνισε την προσήλωση της στην δημοκρατία, τα ανθρώπινα δικαιώματα και την ένταξη στην Ε.Ε.

Υπήρξαν διάφοροι λόγοι για την αλλαγή στη φρασεολογία και την τακτική των Ισλαμιστών του ΑΚΡ. Η αντίδραση σημαντικών τμημάτων της κοινωνίας και η αυξανόμενη δυσαρέσκεια των ΤΕΔ κατά τη διάρκεια της κυβέρνησης συνασπισμού (RF-DYP) ελήφθη υπόψη από τους ιδρυτές του ΑΚΡ. Το μεταμοντέρνο πραξικόπημα (του 1997) προκάλεσε μια «διαδικασία εκμάθησης και εξαγωγής συμπερασμάτων» για τους Ισλαμιστές, οι οποίοι συνειδητοποίησαν ότι ένα πολιτικό κόμμα που δεν σέβεται την αρχή της κοσμικότητας δεν θα είχε καμία πιθανότητα συνεχούς και αποτελεσματικής συμμετοχής στο τουρκικό πολιτικό σύστημα δεδομένου του Συνταγματικού πλαισίου περί κοσμικότητας.

Επίσης το ΑΚΡ χρειαζόταν τη Δύση και το ιδεολογικό της οπλοστάσιο περί δημοκρατίας για να «χτίσουν ένα ευρύτερο μέτωπο» ενάντια στα κεμαλικά κέντρα εξουσίας όπως η Δικαιοσύνη, η ανώτερη κρατική γραφειοκρατία, τα ΜΜΕ και ειδικά οι ΤΕΔ. Μέσα σε αυτό το πλαίσιο, η ΕΕ άρχισε να θεωρείται ως φυσικός σύμμαχος στις προσπάθειες να μειωθεί η δύναμη των ΤΕΔ και να παγιωθεί ένα σύστημα δημοκρατικής διακυβέρνησης, μέσα στην οποία οι ισλαμικές κοινωνικές και πολιτικές δυνάμεις θα θεωρούνταν ως νόμιμοι φορείς εξουσίας.

Το ΑΚΡ δεν είναι ένα μονολιθικό ή ομοιογενές πολιτικό σχήμα αλλά συνασπισμός διαφορετικών συμφερόντων. Η κατάσταση αυτή έγινε ιδιαίτερα αισθητή, παρά τις προσπάθειες του πρωθυπουργού Ερντογάν, όταν 99 βουλευτές του ΑΚΡ ψήφισαν ενάντια στην χρήση του Τουρκικού εδάφους (από τον Αμερικανικό Στρατό) για την εισβολή στο Ιράκ στο 2003.

Ο πυρήνας του ΑΚΡ και η συντριπτική πλειοψηφία των βουλευτών του αποτελούνται από άτομα που συνδέθηκαν με το Εθνικό Κίνημα Προοπτικής (Milli Gorus) την περίοδο 1970-1999 υπό την ηγεσία του Ερμπακάν. Προσωπικότητες όπως ο πρωθυπουργός Ερντογάν και ο Μπουλεντ Αριτς προέρχονται από τους κύκλους του Milli Gorus. Η δεύτερη σε μέγεθος ομάδα επιρροής αποτελείται από μέλη που προέρχονται από τα κεντροδεξιά Κόμματα - κυρίως το Κόμμα Μητέρας Πατρίδας (ANAP) του Τουργκούτ Οζάλ και το Κόμμα του Ορθού Δρόμου της Τσιλέρ.

Η ηγεσία του ΑΚΡ απορρίπτει την επίσημη αναφορά στο Ισλάμ ή την έννοια «μουσουλμάνοι δημοκράτες». Οι ίδιοι προτιμούν την ετικέτα «συντηρητική δημοκρατία» η οποία παραμένει ασαφής εντούτοις. Πρόκειται λιγότερο για μια ιδεολογία και περισσότερο για μια σύνθεση απόψεων που υποστηρίζει ότι δίνει φωνή στα αιτήματα του τουρκικού λαού και ότι γεφυρώνει το χάσμα μεταξύ του κράτους και των πολιτών. Η ενίσχυση του πολιτικού ελέγχου των στρατιωτικών, η ενίσχυση των ανθρώπινων δικαιωμάτων και η προστασία των μειονοτήτων, η ελευθερία της έκφρασης, του συνέρχεσθαι αποτελούν πυλώνες της προγραμματικής διακήρυξης του ΑΚΡ.

Οι σχέσεις με τη Δύση αντιμετωπίζονται ως συμπληρωματικές των σχέσεων με τον ισλαμικό κόσμο. Στα πλαίσια της πολιτικής των μηδενικών προβλημάτων με τους γείτονες έχουν βελτιωθεί οι σχέσεις σε θέματα χαμηλής πολιτικής (εμπόριο, τουρισμός, ενέργεια, μεταφορές) με την Ελλάδα και με τη Συρία. Ο Ερντογάν και ο Γκιούλ έχουν τονίσει πολλάκις ότι το Ισραήλ έχει δικαίωμα ύπαρξης και ότι η βία είναι απαράδεκτη και έχουν μεταβιβάσει το μήνυμα αυτό στη Χαμάς. Η τουρκική κυβέρνηση έχει αρχίσει επίσης να διαδραματίζει έναν πιο ενεργό ρόλο στην Οργάνωση Ισλαμικής Συνδιάσκεψης (OIC) όπου ο Γενικός Γραμματέας αυτής είναι Τούρκος.

Τα σχολεία imam hatip *(κατάρτισης ιμάμηδων)*

Σε αρκετά διπλωματικά έγγραφα γίνεται μνεία στα σχολεία imam hatip προκειμένου να περιγραφεί το προφίλ και το μορφωτικό επίπεδο μελών της κυβέρνησης του ΑΚΡ. Θα επιχειρήσουμε μία σύντομη περιγραφή του συγκεκριμένου εκπαιδευτικού θεσμού.

Τα σχολεία imam-hatip ιδρύθηκαν τη δεκαετία του '50 (επί κυβέρνησης Μεντερές) ως επαγγελματικές παραγωγικές σχολές ιμάμηδων. Ο πολλαπλασιασμός του αριθμού των εν λόγω σχολείων έλαβε χώρα κατά τη διάρκεια της περιόδου Ozal. Είναι χαρακτηριστικό ότι την περίοδο (1983-1997) ιδρύθηκαν 250 σχολεία imam-hatip, δηλαδή περίπου όσαν είχαν ιδρυθεί την περίοδο 1959 – 1980! Το πρόγραμμα σπουδών τους συνδυάζει την κατάρτιση σε επιστημονικά αντικείμενα με μαθήματα Ισλαμικής θρησκείας τα οποία αποτελούν το 40% της διδακτέας ύλης. Ο πρωθυπουργός Ερντογάν όπως και η πλειονότητα των μελών της κυβέρνησης έχουν αποφοιτήσει από σχολεία κατάρτισης ιμάμηδων. Μέχρι το 1997, περίπου 1.300.000 Τούρκοι είχαν ολοκληρώσει τις σπουδές τους στα εν λόγω σχολεία.

Η κυβέρνηση του ΑΚΡ έχει στελεχώσει κυβερνητικές υπηρεσίες και ΔΕΚΟ με πτυχιούχους των σχολείων imam-hatip. Αυτή η πρακτική, μαζί με την απόφαση της κυβέρνησης να αλλάξει (το 2004) τη νομοθεσία εισαγωγής στην Τριτοβάθμια εκπαίδευση για τους αποφοίτους των εν λόγω σχολείων οδήγησε σε έντονη αντιπαράθεση με τους κοσμικούς κύκλους οι οποίοι το θεωρούν ως το πρώτο βήμα για την ισλαμοποίηση της Τουρκικής Δημοκρατίας. Το 90% των σχολείων imam-hatip έχει ιδρυθεί με ιδιωτικά κονδύλια που προέρχονται από διάφορες κοινότητες των Nakshibendi.

Σουφικά Ισλαμικά Τάγματα και Κοινότητες

Σε αρκετά διπλωματικά έγγραφα γίνεται αναφορά στην κρυφή ισλαμική ατζέντα του ΑΚΡ. Οι Αμερικανοί αξιωματούχοι προσπαθούν να κατανοήσουν την επιρροή και την διείσδηση των Ισλαμικών Ταγμάτων σε όλα τα κλιμάκια του ΑΚΡ και της κρατικής γραφειοκρατίας. Θα επιχειρήσουμε μία παρουσίαση του μυστικιστικού Ισλάμ της Τουρκίας και των κοινοτήτων που το συνθέτουν.

Τα Σουφικά τάγματα (tariqatlar) είναι Ισλαμικές οργανώσεις οι οποίες ενσωματώνουν το μυστικισμό στη θρησκευτική πρακτική. Για τους οπαδούς του ορθόδοξου Σουνιτικού Ισλάμ, όπως οι Ουαχαμπίτες της Σαουδικής Αραβίας, τα Σουφικά τάγματα θεωρούνται φορείς ενός ετερόδοξου Ισλάμ. Οι ιστορικές ρίζες των Σουφικών ταγμάτων χάνονται στις αρχές της δεύτερης χιλιετίας. Η κεμαλική Τουρκική Δημοκρατία (1923-1950) έθεσε τα Σουφικά τάγματα εκτός νόμου και εκδίωξε τους δερβίσιδες από τους τεκέδες.

Το φιλελεύθερο Σύνταγμα (του 1961) κατοχύρωνε το αστικό δικαίωμα του συνεταιρίζεσθαι, γεγονός που προσέφερε στα παράνομα μέχρι τότε Σουφικά τάγματα το νομικό πλαίσιο ανάπτυξης ανθρωπιστικών δραστηριοτήτων όπως στέγαση, σίτιση και οικονομική βοήθεια σε ένα μεγάλο μέρος του πληθυσμού που στερείτο κοινωνικής προστασίας.

Το Τάγμα των Nakşibendi

Πρόκειται για το μεγαλύτερο (σε μέλη) Σουφικό Τάγμα της Τουρκίας. Το Τάγμα δημιουργήθηκε από τον Baha al Din al Nasqshabandi (11^{ος} αιώνας). Εκτός των υποχρεώσεων που θέτει το Ισλάμ, το Τάγμα δίνει προτεραιότητα στην εσωτερική κάθαρση. Οι τρεις άξονες επί των οποίων στηρίζεται η φιλοσοφία των Nasqshabandi είναι: α)Υπακοή στον ηγέτη (σεΐχη), β)Πνευματική άσκηση (rabita), γ) Μνεία στο Θεό (Zirk). Το Τάγμα υπήρξε ο μεγαλύτερος υποστηρικτής της Οθωμανικής Αυτοκρατορίας και μεγάλος πολέμιος των μεταρυθμίσεων της εποχής του Tanzimat. Οι Nasqshabandi λαμβάνουν ενεργό ρόλο στο πόλεμο της Ανεξαρτησίας (1919-1922) και στηρίζουν τον Μουσταφά Κεμάλ αλλά θα υποστούν τις συνέπειες της κοσμικοποίησης του κράτους και της κοινωνίας που επέβαλε ο Ατατούρκ μετά το 1923. Οι τεκέδες (χώροι μυστικισμού) σφραγίζονται και οι σείχηδες φυλακίζονται.

Το 1950 (με την άνοδο του Μεντερές στην εξουσία) οι Nasqshabandi απολαμβάνουν την ανοχή των κρατικών αρχών. Το Σύνταγμα του 1960 προσφέρει το νομικό πλαίσιο για την ανάπτυξη του Τάγματος μέσω της ίδρυσης Ιδρυμάτων (Vaqfi) και Συλλόγων (Dernegi) και σήμερα διαθέτει ιδιωτικά σχολεία (τα εκπαιδευτήρια Fazilet και ASFA στην Πόλη και το κολλέγιο Ferda στην Άγκυρα), οργανώσεις γυναικών και οικολογικές ομάδες. Το Τάγμα διοικεί εμπορικές εταιρίες (Server Holding και Fuzul Otomotiv), εκδοτικούς οίκους (Seha et Vefa), τρεις κλινικές στην Κων/πολη και πληθώρα ιδρυμάτων (βακούφια) όπως τα Dostluk Vakfi, Ilim, Kültür ve Sanat Vakfi et Hakyol Vakfi. Οι μηνιαίες εκδόσεις όπως το πολιτικό περιοδικό (Islâm), ένα επιστημονικό περιοδικό (Ilim ve Sanat) και μία φεμινιστική επιθεώρηση (Kadin ve Aile) κυκλοφορούν σε δεκάδες χιλιάδες αντίτυπα. Το Τάγμα διαθέτει 3 τηλεοπτικούς σταθμούς Ak TV, Yavuz TV και Yildiz TV.

Το Τάγμα των Nasqshabandi αποτελείται από τέσσερις κυρίως κοινότητες:

Α) Κοινότητα του Iskender Pacha
Β) Κοινότητα του Erenkoy
Γ) Κοινότητα του Ismail Aga
Δ) Κοινότητα των Suleymanci

Η κοινότητα του Iskender Pacha

Ο Μεχμέτ Ζαχιντ Κόκτου (1897- 1980) υπήρξε η πλέον χαρισματική φιγούρα της κοινότητας. Πρόκειται για τον πολιτικό μέντορα πλήθους πολιτικών ηγετών της σύγχρονης Τουρκικής ιστορίας όπως οι Κουρκούτ και Τουργκούτ Οζάλ, ο Νεσμετίν Ερμπακάν, ο Λουτφού Ντογάν αλλά και ο Ταγίπ Ερντογάν. Ο Κοκτού επιδιώκει την ανατροπή του κοσμικού κράτους αλλά επιδιώκει μία διαδικασία εξισλαμισμού από τα κάτω. Όπως ο ίδιος δηλώνει *«Αυτό που χρειαζόμαστε είναι τους πνευματικοί ηγέτες οι οποίοι θα είναι ικανοί να πείσουν τις μάζες για ένα τρόπο ζωής απλό απορρίπτοντας την καταναλωτική μανία».* Μετά το θάνατο του Κοκτού, τα ινία της κοινότητας του Iskender Pacha θα αναλάβει ο γαμπρός του Esad Coshan ο οποίος θα οδηγήσει τα μέλη της κοινότητας στο κόσμο της ελεύθερης αγοράς και των επιχειρήσεων. Σήμερα κατέχουν εφημερίδες, ραδιοφωνικούς σταθμούς, τηλεοπτικά κανάλια καθώς και ομίλους επιχειρήσεων όπως το Server Holding και το ίδρυμα Hak Yol.

Η Κοινότητα του Erenkoy

Η κοινότητα του Erenkoy εθεωρείτο στις αρχές του 2000 ως η πλέον ισχυρή σε επιρροή κοινότητα της Τουρκίας. Εντός αυτής βρίσκουμε πολλούς καθηγητές, δημοσιογράφους και επιχειρηματίες. Σήμερα διοικείται από τον Οσμάν Τομπάς ο οποίος διατηρεί πολύ στενές σχέσεις με τη βασιλική οικογένεια της Σαουδικής Αραβίας.

Η Κοινότητα του Ismail Aga

Η Κοινότητα του Ismail Aga στεγάζεται στο ομώνυμο τζαμί της συνοικίας του Fatih στην Πόλη. Ηγέτης αυτής είναι ο Τζούμπελι Αχμέτ. Πρόκειται για την πλέον συντηρητική κοινότητα του τάγματος των Nakşibendi η οποία εκδηλώνει μία απέχθεια για τη τεχνολογική επανάσταση. Οι άνδρες της κοινότητας φέρουν γενειάδα και φορούν τουρμπάνια ενώ οι γυναίκες φέρουν μαύρα τσαντόρ.

Η κοινότητα των Suleymanci

Πρόκειται για την κοινότητα με το μεγαλύτερο αριθμό μελών (περίπου 4 εκατομμύρια). Ιστορικός ηγέτης της κοινότητας ήταν ο Syleyman Hilmi Tunahan, Τούρκος της Βουλγαρίας. Ο Τουναχάν θεωρούσε τον Μουσταφά Κεμάλ ως «Μουσουλμάνο Αντίχριστο». Οι οπαδοί του Τουναχάν υπήρξε παραδοσιακά αντικομουνιστές και εθνικιστές. Υποστήριξαν τον Μεντερές και το Δημοκρατικό Κόμμα (1950-1960). Μετά το θάνατο του Τουναχάν (1959) την ηγεσία της κοινότητας αναλαμβάνει ο Κεμάλ Κατσάρ (1917-2000) ο οποίος εκλέγεται βουλευτής του Κόμματος της Δικαιοσύνης του Σουλεϊμάν Ντεμιρέλ.

Κατάλογος Σουφικών Κοινοτήτων του Τάγματος Naksibendi στη σημερινή Τουρκία

Επωνυμία	Γεωγραφική ζώνη δράσης
Κοινότητα Kadiri Muhammediye	Κων/πολη, Καισάρια, Άγκυρα
Κοινότητα Halveti Şabaniye Kolu	Κιουτάχεια
Κοινότητα Hizb-ut Tahrir	Αγκυρα, Βαν, Κων/πολη
Κοινότητα Galibiler	Αγκυρα, Αττάλεια
Κοινότητα Nurcu Kırkıncı Hoca Grubu	Ερζουρουμ
Κοινότητα İcmalciler	Τραπεζούντα
Κοινότητα Cerrahiler	Κων/πολη, Προύσα
Κοινότητα Uşşakiler	Κων/πολη, Αγκυρα, Μπολού
Κοινότητα Menzilciler	Αγκυρα, Αφιον, Σαγκάριος, Κων/πολη
Κοινότητα Tillocular	Σιιρτ, Άγκυρα, Κων/πολη, Ελατζικ
Κοινότητα Hazneviler	Χατάι, Γκαζιαντεπ, Μπάτμαν, Μάρντιν
Κοινότητα Hakikatçılar	Σαγκάριος, Προύσα, Ντούτσε
Κοινότητα NakşibendiYahyalı	Καισάρια
Κοινότητα Işıkçılar	Κων/πολη
Κοινότητα Σουλειμαντζι	Κων/πολη
Κοινότητα Ισκεντέρ Πασά	Κων/πολη, Άγκυρα
Κοινότητα Melamiler	Σμύρνη, Μαγνησία, Αιδίνι
Κοινότητα Erenköy	Κων/πολη, Ικόνιο, Άγκυρα
Κοινότητα Ισμαηλ Αγά	Κων/πολη

Το τάγμα των Nurcu

Ιδρυτής του τάγματος ήταν ο Said Nursi (1876 - 1960) που γεννήθηκε στη Κουρδική επαρχεία του Bitlis. Ο ίδιος εντάχτηκε από πολύ μικρός στο Τάγμα των Naksibendi αλλά γρήγορα παίρνει αποστάσεις και ασκεί κριτική. Συγκεκριμένα δηλώνει ότι *«η επιστήμη και η πρόοδος μπορούν να ερμηνευτούν υπό το φως του Κορανιού»*. Σε αντίθεση με τους άλλους σείχιδες των Naksibendi υποστηρίζει την επανάσταση των νεοΤουρκων (1908) αλλά συμμετέχει στην ισλαμική εξέγερση του 1909 στην Πόλη. Θα υποστηρίξει τον αγώνα της Ανεξαρτησίας που οργανώνει ο Μουσταφά Κεμάλ αλλά θα στραφεί εναντίον του κατά την περίοδο της εφαρμογής του προγράμματος εκσυγχρονισμού (1923-1938). Ο Nursi δε θα λάβει μέρος στην Κουρδική εξέγερση του 1925 αλλά το κεμαλικο κατεστημένο θα τον θέσει σε κατ'οικον περιορισμό στην Σπάρτη (Isparta).

Την περίοδο 1934-1950 θα καταδικαστεί πολλάκις αλλά η άνοδος στην εξουσία του Μεντερές θα μειώσει την πίεση των Αρχών εναντίων του. Ο Nursi θα πεθάνει το 1960 και ο τάφος του θα γίνει τόπος προσκυνήματος για χιλιάδες οπαδούς του. Οι στρατιωτικοί πραξικοπηματίες (1960) θα μεταφέρουν την τάφρο του σε κρυφό μέρος. Μετά το θάνατο του Said Nursi το τάγμα διασπάται σε κοινότητες που πολλές φορές συγκρούονται μεταξύ τους. Ένα τμήμα των Nurcu στρατολογείται στο Κόμμα του Ερμπακάν ενώ ένα άλλο στηρίζει το Κόμμα Δικαιοσύνης του Ντεμιρέλ. Ο Hamid Algar, μέλος του Ινστιτούτου Ισλαμικών Ερευνών στην Πόλη, καταδικάζει απερίφραστα τον Κεμάλ Ατατούρκ λέγοντας ότι: *«Ο Μουσταφά Κεμάλ ήταν ο ιθύνων νους των επιθέσεων ενάντια στους μουσουλμάνους και αυτός που προκάλεσε τις περισσότερες ζημιές. Στη θέση του Χαλιφάτου, ο Κεμάλ Ατατούρκ προβάλλει τον εθνικισμό και αντικαθιστά τη Σαρία με παράνομες εισαγωγές (νόμων και κωδικών) από την Ευρώπη. Κατά τη διάρκεια αυτού του πολέμου, η Τουρκία απομακρύνθηκε γρήγορα από το Ισλάμ»*.

Οι οπαδοί του Nursu εντάσσονται στον μαχητικό αντικομμουνισμό. Πολλά μέλη του Τάγματος συμμετέχουν ενεργά στο Τουρκικό Σύλλογο για τη Μάχη ένάντια στο Κομμουνισμό (TKMD). Ένας σύλλογος ο οποίος σχετίζονταν άμεσα με τη CIA κατά τη διάρκεια του Ψυχρού Πολέμου. Μετά το στρατιωτικό πραξικόπημα (1980) η πλέον δυναμική κοινότητα του τάγματος των Nurcu (κοινότητα Gulen) θα στηρίξει το νέο καθεστώς και ειδικότερα το Κόμμα Μητέρας Πατρίδας του Τουργκούτ Οζάλ λάμβανοντας αποστάσεις από το Ισλαμικό Κόμμα Ευημερίας του Ερμπακάν.

Η κοινότητα του Ιμάμη Φετουλάχ Γκιουλέν

Ο Γκιουλέν γεννήθηκε στο Ερζερούμ της Ανατολικής Τουρκίας το 1941. Ο πατέρας του ήταν ιμάμης και δίδαξε στο γιο του Φετουλάχ τα Περσικά και τα Αραβικά. Ξεκίνησε τη σταδιοδρομία του ως ιμάμης στην Ανδριανούπολη και αργότερα στη Σμύρνη. Η καινοτομία του κηρύγματός του ήταν ο συνδυασμός της ισλαμικής πρακτικής με τις επιστήμες και την ανεκτικότητα στη διαφορετικότητα. Το 1971 θα φυλακιστεί για μικρό χρονικό διάστημα από τους στρατιωτικούς. Αξιοποιεί την ισλαμο-εθνικιστική τάση που χαρακτηρίζει την Ψυχροπολεμική στρατηγική των Τουρκικών ελίτ και αποκτά αναγνωρισιμότητα την περίοδο 1980-2000.

Ενώ το Κόμμα Ευημερίας του Ερμπακάν κερδίζει την κοινή γνώμη, ο Γκιουλέν δεν δείχνει καμία συμπάθεια για τον συγκεκριμένο πολιτικό σχηματισμό. Συγκεκριμένα δηλώνει ότι *και ο Αρχάγγελος Γαβριήλ να έκανε κόμμα, δεν θα τον ακολουθούσα»*. Ο Γκιουλέν προτιμάει την κατασκευή ενός σχολείου από ότι ενός τζαμιού.Θεωρεί την δημοκρατικοποίηση της Τουρκίας ως μία διαδικασία χωρίς γυρισμό. Το 1997 στηρίζει δημόσια το πραξικόπημα ενάντια στο Κόμμα Ευημερίας του Ερμπακάν. Ο Γκιουλέν στοχεύει στην ανατροπή του κοσμικού καθεστώτος από τα κάτω και σε βάθος χρόνου. Θεωρεί ότι η εκπαίδευση μίας ανερχόμενης μεσαίες συντηρητικής τάξης αλλά και η τοποθέτηση οπαδών του σε καίρια κέντρα της κρατικής γραφειοκρατίας θα αλλάξει το καθεστώς «από τα μέσα».

Το 1999 ο Τουρκικό Τύπος δημοσιεύει αποσπάσματα από ομιλία του Γκιουλέν σε οπαδούς του όπου υποστηρίζει ότι *«Αν ενεργήσουμε πρόωρα ο ουρανός θα πέσει πάνω μας. Οι μουσουλμάνοι υποφέρουν αρκετά στο κόσμο και δεν χρειάζεται να προσθέσουμε νέες τραγωδίες. Η εμπειρία της Αλγερίας, η αιματηρή καταστολή στη Συρία το 1982, η κατάσταση στην Αίγυπτο. Θα πρέπει να περιμένετε τη κατάλληλη στιγμή όπου όλες οι προυποθέσεις θα εκπληρούνται. Κατ'αρχάς θα πρέπει να καταλάβετε όλα τα όργανα του Κράτους και να πάρετε την εξουσία με συνταγματικό και νόμιμο τρόπο...Εξέφρασα τα συναισθήματα μου και τις ιδέες μου βασιζόμενος στην εμπιστοσύνη σας και στο απόρρητο. Μόλις βγείτε από εδώ να έχετε την πρόνοια να ξεχάσετε ότι έχει ειπωθεί».*

Ο Γκιουλέν αυτοεξορίζεται στις ΗΠΑ το 1999 με το πρόσχημα της ιατρικής περίθαλψης όντας διαβητικός. Το 2008 ο Άρειος Πάγος ακυρώνει προηγούμενες αποφάσεις καταδικής του Γκιουλέν. Μέχρι σήμερα ο Φετουλάχ Γκιουλέν ζει με 100 περίπου οποδούς σε μία αγροτική βίλα στην Πενσυλβάνια των ΗΠΑ. Είναι επίτιμος πρόεδρος του Rumi Forum, μίας Μη Κυβερνητικής Οργάνωσης που στοχεύει να προωθήσει (στα υψηλά κλιμάκια του State Department και του Πενταγώνου) το δόγμα Γκιουλέν ως εναλλακτική πρόταση στο ριζοσπαστικό Ισλάμ.

Το δίκτυο Γκιουλέν

Ο Γκιουλέν οικοδόμησε μέσα σε μία 25ετία (1985 – 2010) ένα εντυπωσιακό δίκτυο που περιλαμβάνει εκδοτικούς οίκους, τηλεοπτικούς σταθμούς, ιδιωτικά σχολεία, πανεπιστήμια, τράπεζες, ασφαλιστικές εταιρίες και συλλόγους. Καθιέρωσε διαθρησκευτικές συναντήσεις κατά τη διάρκεια του Ραμαζανιού ως μία μορφή διαλόγου μεταξύ των θρησκειών. Στο πλαίσιο αυτό είχε συναντήσεις και με τον Οικουμενικό Πατριάρχη, τον Πάπα, τον Αρμένιο Πατριάρχη και τον αρχιραββίνο της Τουρκίας. Η εκλογική νίκη του ΑΚΡ το 2002 αποτελεί μεταξύ άλλων έργο του δικτύου Γκιουλέν. Σε διπλωματικά έγγραφα καταγράφεται η εκτίμηση ότι περίπου 60-80 βουλευτές του κυβερνώντος κόμματος είναι μέλη της κοινότητας του ιμάμη. Υπολογίζεται ότι η κοινότητα του Γκιούλεν έχει ετήσιο προυπολογισμό 25 δις δολλάρια.

Εκπαίδευση

Με την πάροδο του χρόνου, το κίνημα Γκιουλέν γιγαντώθηκε και επεκτάθηκε στην Ευρώπη, την Αμερική και την Ασία. Σήμερα λειτουργούν πάνω από 200 ιδιωτικά σχολεία στην Κεντρική Ασία, στα Βαλκάνια και στην Τουρκία. Τα μαθήματα ακολουθούν το δημόσιο εκπαιδευτικό πρόγραμμα ενώ μετά το σχολείο υπάρχουν εργαστήρια μαθημάτων Ισλαμικής θρησκείας. Οι δάσκαλοι των σχολείων είναι στην πλειονότητα τους Τούρκοι και μέλη της κοινότητας Γκιουλέν ενώ τα μαθήματα γίνονται στα Αγγλικά. Η εκμάθησης της Τουρκικής αποτελεί μάθημα επιλογής.

Το κίνημα Γκιουλέν διαθέτει σήμερα ένα ευρύ δίκτυο μορφωτικών και φιλανθρωπικών ιδρυμάτων, τα οποία ασκούν μεγάλη επιρροή. Στην ίδια την Τουρκία μέσα σε λιγότερο από 20 χρόνια έχει ιδρύσει το πανεπιστήμιο Fatih στην Κωνσταντινούπολη, 15 φοιτητικές εστίες, περισσότερα από 200 ιδιωτικά γυμνάσια και λύκεια, 20 ιατρικά κέντρα και 13 φιλανθρωπικά ιδρύματα, που δίνουν υποτροφίες και οργανώνουν πολιτιστικές εκδηλώσεις. Η σημαντικότερη οργάνωση είναι το Ίδρυμα Δημοσιογράφων και Συγγραφέων, επίτιμο μέλος του οποίου είναι και ο υπουργός Επικρατείας Μεχμέτ Αϊντίν. Το εν λόγω ίδρυμα διοργανώνει κάθε χρόνο την τουρκική Ολυμπιάδα, όπου μαθητές απ' όλο τον κόσμο, που φοιτούν σε σχολεία του Γκιουλέν, διαγωνίζονται στην τουρκική ποίηση και στο τουρκικό τραγούδι. Το ίδρυμα διοργανώνει και διεθνή συνέδρια με σκοπό τον διαπολιτισμικό διάλογο.

Το κίνημα στρατολογεί αριστούχους φοιτητές, τους οποίους στέλνει με υποτροφίες για μεταπτυχιακές σπουδές στη Δύση. Οι φοιτητές αυτοί στη συνέχεια προωθούνται σε σημαντικές θέσεις και λειτουργούν ως πρεσβευτές του κινήματος. Το αποτέλεσμα είναι ότι ο Γκιουλέν διαθέτει σήμερα ισχυρά ερείσματα στο ανώτερο από μορφωτικής και εισοδηματικής άποψης τμήμα των Τούρκων της διασποράς. Οι απόφοιτοι στραιωτικών και αστυνομικών ακαδημιών καταθέτουν τον πρώτο τους μισθό στη Κοινότητα Γκιουλέν ως ένδειξη ευγνωμοσύνης για την υποστήριξη των σπουδών τους από το δίκτυο (φοιτητικές εστίες, υποτροφίες κλπ).

Το κίνημα έχει αναπτύξει μία ευρείας κλίμακας στρατηγική διείσδυσης στον χώρο της Κεντρικής Ασίας και των Βαλκανίων κυρίως μέσω της εκπαίδευσης. Τα εκπαιδευτικά ιδρύματα δίνουν έμφαση στην καλλιέργεια της ισλαμοτουρκικής κουλτούρας και στη διαμόρφωση φιλοτουρκικών ελίτ. Στην Κεντρική Ασία ο Γκιουλέν έχει ιδρύσει σχεδόν εκατό σχολεία, στα οποία φοιτούν παιδιά των τοπικών ελίτ. Τα σχολεία αυτά ακολουθούν το πρόγραμμα της κάθε χώρας, αλλά διδάσκουν ως δεύτερη γλώσσα την τουρκική. Η Ρωσία δείχνει ιδιαίτερα ενοχλημένη για τη δράση των σχολείων Γκιουλέν στις μουσουλμανικές επαρχίες της και έλαβε απόφαση (2006) να κλείσουν όλα τα σχολεία Γκιουλέν. Παρόμοια μέτρα έχουν λάβει τα καθεστώτα του Αζερμπαιτζάν, του Ιράν και του Ουζμπεκιστάν.

Όπως δήλωσε ο Νουρετίν Βερέν, πρώην σύμβουλος του Φετουλάχ Γκιουλέν : «Αυτά τα σχολεία είναι βιτρίνες. Τα παιδιά που έχουμε εκπαιδεύσει κατέχουν σήμερα πολύ υψηλές θέσεις στην κρατική γραφειοκρατία. Υπάρχουν νομάρχες, δικαστές, στρατιωτικοί, υπουργοί της κυβέρνησης. Μας συμβουλεύονται πριν πράξουν οτιδήποτε».

Εκδόσεις και ΜΜΕ

Το κίνημα Γκιουλέν διαθέτει και το δικό του δημοσιογραφικό συγκρότημα. Εκδίδει την εφημερίδα Zaman με 300.000 φύλλα κυκλοφορία ημερησίως. Η εφημερίδα έχει ειδικές εκδόσεις για το Αζερμπαϊτζάν, τη Βουλγαρία, τη Γερμανία, το Καζακστάν, την Αυστραλία, τη Ρουμανία, την Κιργιζία, το Τουρκμενιστάν, τη FYROM και τις ΗΠΑ. Στο ίδιο συγκρότημα ανήκει το κανάλι Samanyolu TV, το πρακτορείο ειδήσεων Cihan Haber Ajansi, το εβδομαδιαίο περιοδικό ποικίλης ύλης Aksiyon και τρία περιοδικά θρησκευτικοκοινωνικής κατεύθυνσης. Στη κοινότητα ανήκουν επίσης οι Ραδιοφωνικοί σταθμοί Dunya και Burc FM.

Η επιχειρηματική δραστηριότητα του Γκιουλέν δεν περιορίζεται στα ΜΜΕ. Έχει στην ιδιοκτησία του τον επιχειρηματικό όμιλο Isik Sigorta και την τράπεζα Bank Asya με 117 καταστήματα, που λειτουργεί με το ισλαμικό τραπεζικό πρότυπο. Το κίνημα επεκτάθηκε και στον τουριστικό τομέα με την κατασκευή του υπερπολυτελούς ξενοδοχείου Asya Kizilcahamam Resort στην Αγκυρα. Το ξενοδοχείο διαθέτει τζαμί και χωριστές πισίνες για άνδρες και γυναίκες. Φιλοξενεί συνδιασκέψεις του κυβερνώντος Κόμματος Δικαιοσύνης και Ανάπτυξης (ΑΚΡ).

Η Κουρδική Χιζμπολάχ

Σε διπλωματικό έγγραφο Αμερικανός πρέσβης καταγράφει την ανησυχία μελών του ΑΚΡ για την παρουσία οπαδών της Κουρδικής Χιζμπολάχ σε τοπικές οργανώσεις και επιτροπές του κόμματος ΑΚΡ στην ΝΑ Τουρκία. Πρόσφατα, ηγετικά μέλη της τρομοκρατικής οργάνωσης αποφυλακίστηκαν γεγονός που προκάλεσε σχόλια στο Τουρκικό Τύπο για την σκοπιμότητα εν όψει των εκλογών του 2011. Θα προσεγγίσουμε διεξοδικά την δομή, ιδεολογία και δράση της τρομοκρατικής ισλαμιστικής οργάνωσης.

Η Κουρδική Χιζμπολάχ είναι μια ισλαμιστική τρομοκρατική οργάνωση που ιδρύθηκε στις αρχές της δεκαετίας του 1980 έχοντας ως παράδειγμα την Ιρανική επανάσταση του 1979. Δραστηριοποιείται κυρίως στη νοτιοανατολική Τουρκία και το Ιρακινό Κουρδιστάν. Τα μέλη της είναι Κούρδοι Σουνίτες και δεν έχει καμία οργανική σύνδεση με τη Σιιτική Χιζμπολάχ του Λιβάνου. Στο Βόρειο Ιράκ η οργάνωση είναι γνωστή ως Κουρδικό Επαναστατικό Κόμμα του Θεού (*Hisbullahi Kurdi Shorishger*). Οι κύριοι πυρήνες της Χιζμπολάχ δραστηριοποιούνται στις πόλεις Ντιγιαρμπακίρ, Βαν, Μπάτμαν και Μάρντιν του Τουρκικού Κουρδιστάν.

Σύμφωνα με τις εκτιμήσεις των Τουρκικών υπηρεσιών ασφαλείας (το 1999) η Χιζμπολάχ είχε 25 χιλιάδες μέλη εκ των οποίων 4 χιλιάδες ήταν ένοπλοι. Τα μέλη της Χιζμπολάχ προέρχονται από πολύ φτωχές Κουρδικές οικογένειες ενώ το 25% αυτών είναι αναλφάβητοι ενώ μόνο το 30% έχει ολοκληρώσει το δημοτικό σχολείο. Τα μέλη της οργάνωσης συνήθιζαν να συναντιώνται σε βιβλιοπωλεία θεολογικού περιεχομένου. Στα τέλη της δεκαετίας του 1980 θα διασπαστούν σε δύο αντίπαλες ομάδες λόγω διαφωνίας που προέκυψε στη τακτική που έπρεπε να ακολουθηθεί για την ισλαμοποίηση του Τουρκικού κράτους. Οι *Ilimciler* υπό την ηγεσία του Χουσεΐν Βελίογλου υποστήριζαν την ένοπλη δράση ενώ οι *Menzilciler* υπό την ηγεσία του Φιντάν Γκιουνγκόρ θεωρούσαν ότι μέσω της θρησκευτικής εκπαίδευσης θα οδηγούνταν σταδιακά και όχι με βία στο ποθητό στόχο εγκαθίδρυσης Ισλαμικής Δημοκρατίας. Οι μεταξύ τους διαμάχες οδήγησαν στη δολοφονία εκατοντάδων μελών εκατέρωθεν μεταξύ των οποίων και του ηγέτη των *Menzilciler* Φιντάν Γκιουνγκόρ στα μέσα της δεκαετίας του 1990.

Το δόγμα της Χιζμπολάχ

Η Χιζμπολάχ εφαρμόζει το γνωστό δίλημμα «είτε είστε με εμάς είτε ενάντια σε μας.» Εκείνοι που πιστεύουν στις ίδιες αξίες με τους εξτρεμιστές της Χιζμπολάχ οφείλουν να ακολουθήσουν την οργάνωση ενώ όλοι οι άλλοι θα γίνουν υποψήφιοι στόχοι. Μέλη του PKK, μετριοπαθείς κούρδοι επιχειρηματίες και διανοητές αλλά και μέλη ισλαμικών ταγμάτων που δεν ασπάζονται τον εξτρεμισμό της Χιζμπολάχ δολοφονούνταν εν ψυχρώ.

Η οργανωτική δομή της Χιζμπολάχ

Η οργανωτική δομή της Χιζμπολάχ διακρίνεται σε 3 επίπεδα: α) Πολιτικός και Πνευματικός Ηγέτης, β) Ανώτατο Συμβούλιο (*Sura*) και γ) Τοπικό συμβούλιο ανά πόλη. Θα περιγράψουμε εν συντομία τις αρμοδιότητες κάθε οργανωτικού επιπέδου.

Ηγέτης: Η Χιζμπολάχ διαθέτει πολιτικό και πνευματικό ηγέτη. Ο δεύτερος δεν έχει καμία δύναμη ή επιρροή στη λήψη αποφάσεων ή την εκτέλεση των διαδικασιών. Ο πολιτικός ηγέτης έχει την εξουσία λήψης αποφάσεων σχετικά με τις δραστηριότητες της ομάδας: μπορεί να τροποποιήσει ή να αλλάξει τις κατευθύνσεις των γενικών διαδικασιών.

Ανώτατο Συμβούλιο: Η δεύτερη σημαντικότερη ιεραρχική δομή είναι το ανώτατο συμβούλιο ή Sura. Πρόκειται για μια κεντρική επιτροπή που αποτελείται από υψηλόβαθμα πολιτικά και στρατιωτικά μέλη. Οι σημαντικότερες αποφάσεις λαμβάνονται από το Ανώτατο Συμβούλιο, το οποίο ελέγχει και τη στρατιωτική και την πολιτική πτέρυγα της Χιζμπολάχ.

Τοπικό Συμβούλιο (σε επίπεδο πόλης): Σε τοπικό επίπεδο, η ιεραρχία της Χιζμπολάχ διαιρείται μεταξύ στρατιωτικών και πολιτικών κλάδων.
Ο στρατιωτικός κλάδος είναι η μονάδα που διενεργεί τις ένοπλες επιχειρήσεις στην Τουρκία. Ο διοικητής του στρατιωτικού κλάδου μπορεί να είναι μέλος είτε της Sura και είναι αρμόδιος για την διεξαγωγή ένοπλων επιχειρήσεων εξ ονόματος κάθε συμβουλίου όπου έχει την ιδιότητα μέλους.
Ο πολιτικός κλάδος αφ' ετέρου, είναι αρμόδιος να στρατολογεί τα νέα μέλη και να προωθεί την προπαγάνδα της Χιζμπολάχ στους τοπικούς πληθυσμούς. Ο ηγέτης του πολιτικού κλάδου είναι μέλος του Sura. Οι υψηλόβαθμοι αξιωματούχοι του πολιτικού κλάδου είναι υπεύθυνοι για τις δημόσιες σχέσεις.

Χιζμπολάχ και Βαθύ Κράτος

 Το PKK υπήρξε ο κύριος στόχος επιθέσεων των μελών της Χιζμπολάχ. Σήμερα είναι ευρέως παραδεκτό ότι μέλη της JITEM και των ΤΕΔ εξόπλιζαν και εκπαίδευαν τα μελή των Ilimciler προκειμένου να πραγματοποιούν κεκαλυμμένες δολοφονίες συμπαθούντων του PKK. Σε αντίθεση με άλλες τρομοκρατικές οργανώσεις η Κουρδική Χιμπολάχ δεν αναλάμβανε την ευθύνη των επιθέσεων της ούτε εξέδιδε προκηρύξεις. Είχε συγκεκριμένο modus δολοφονιών καθώς αυτές ελάμβαναν χώρα υπό το φως του ηλίου με πιστόλια προέλευσης από χώρες της Ανατολικής Ευρώπης. Περισσότερες από χίλιες δολοφονίες πραγματοποιήθηκαν το διάστημα 1992-1995.

Το κατηγορητήριο

Το κατηγορητήριο της Τουρκικής Δικαιοσύνης (το 2000) ενάντια στα ηγετικά μέλη της οργάνωσης αφορούσε «δολοφονίες, πυροβολισμούς, επιθέσεις με μπαλτάδες, απαγωγές, προπυλακισμούς με οξύ ενάντια σε γυναίκες που δεν φορούσαν την Ισλαμική μαντίλα» Πολλά θύματα της Χιζμπολάχ βασανίζονταν και θάβονταν ζωντανά σε ομαδικούς τάφους.

Αριθμός Αστυνομικών Επιχειρήσεων ενάντια στη Κουρδική Χιζμπολλάχ (1992-2003)

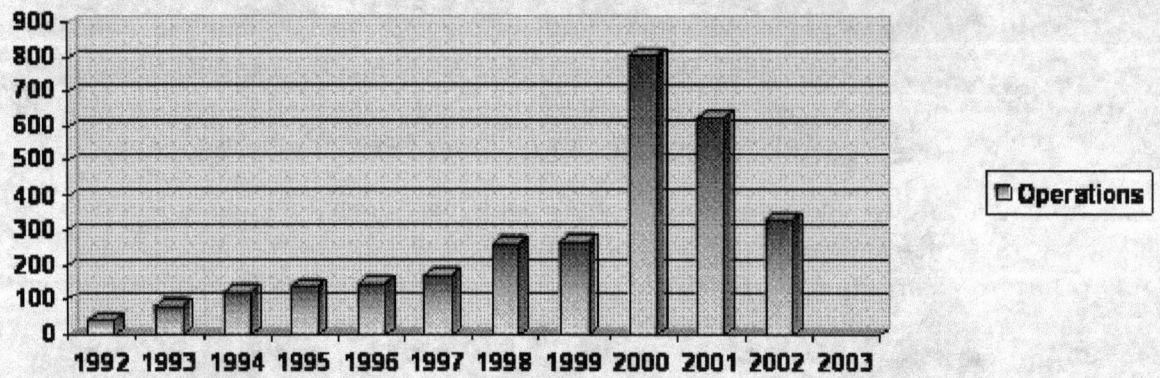

Τα φαντάσματα του παρελθόντος

Στις αρχές του 2011, ηγετικά στελέχη της Χιμπολάχ αποφυλακίστηκαν κάνοντας χρήση των διατάξεων του Κώδικα Ποινικής Δικονομίας. Ενώ είχαν καταδικαστεί σε ισόβια κάθειρξη για σειρά εγκλημάτων και δολοφονιών, το Ανώτατο Δικαστήριο δεν είχε επικυρώσει τις αρχικές ποινές με αποτέλεσμα να βρεθούν εκτός φυλακής. Το γεγονός προκάλεσε σοκ στην κοινή γνώμη ενώ εκατοντάδες υποστηρικτές της οργάνωσης ζητωκραύγαζαν και φώναζαν ότι ο «Αλλάχ είναι μεγάλος».

Ο **Cengiz Candar**, αρθρογράφος της εφημερίδας Radikal, με αφορμή την πρόσφατη αποφυλάκιση ηγετικών στελεχών της Κουρδικής Χιζμπολάχ οι οποίοι είχαν καταδικαστεί σε ισόβια κάθειρξη έγραψε σχετικά: *«Το 1995, εργαζόμουν για την εφημερίδα Σαμπάχ και ο αρχισυντάκτης μου με έστειλε στην ΝΑ Τουρκία για να καταγράψω κατά πόσο ο στρατός είχε ανακτήσει τον έλεγχο έναντι των ανταρτών του ΠΚΚ. Σε μία συζήτηση με τον διορισμένο κυβερνήτη (vali) της περιοχής, του ανέφερα ότι οι κάτοικοι παραπονιούνται για τις ένοπλες επιθέσεις της Χιζμπολλάχ. Εκείνος μου απήντησε ότι «αυτούς της Χιζμπολλάχ τους ελέγχει το Κράτος». Αμέσως μετά τη σύλληψη του Οτσαλάν από τη ΜΙΤ το 1999, η αστυνομία προέβη για πρώτη φορά στη σύλληψη εκατοντάδων ηγετικών στελεχών της Χιζμπολλάχ και ο αρχηγός αυτής Χουσεϊν Βελίογλου σκοτώθηκε μετά από έφοδο της Αστυνομίας τον Ιανουάριο του 2000. Σήμερα ποιος είναι ο λόγος να αναστηθεί η Χιζμπολλάχ; Πρόκειται ενόψει των εκλογών του Ιουνίου να δώσουμε πάλι ζωή σε μία οργάνωση η οποία τη δεκαετία του 1990 βρίσκονταν υπό τον έλεγχο των κρατικών μηχανισμών; Θέλουμε να φέρουμε σε σύγκρουση τη Χιζμπολλάχ με το φιλοκουρδικό BDP σε μία περίοδο που συζητούμε την εκπαίδευση στη μητρική γλώσσα των κούρδων; Το μόνο που μένει είναι να δούμε ποια είναι η θέση του ΑΚΡ αναφορικά με την υπό ανάσταση Χιζμπολλάχ».* (Radikal, 2/2/2011)

Ο **Sedat Laçiner**, διευθυντής του Ινστιτούτου (USAK) και ειδικός σε θέματα τρομοκρατίας δήλωσε ότι *«Θα διαβάζουμε περισσότερες ειδήσεις για τη Χιζμπολλάχ όσο περνάει ο καιρός. Θα μιλάμε για αυτούς πιο συχνά. Όλες οι επιθέσεις που θα λάβουν χώρα μέχρι της εκλογές θα χρεώνονται στα μέλη της Χιζμπολάχ. Πρόκειται για μία οργάνωση που χειραγωγείται πολύ εύκολα»* (15/1/2011, TWJ)

Ιερός Πόλεμος (Jijad) a la turka

Απέναντι από την Κων/πολη βρίσκεται η πόλη Yalova, μια περιοχή με έντονα καυκάσιο πληθυσμό. Κατά τη διάρκεια της δεκαετίας του 1990 λειτουργούσαν στα περίχωρα της πόλης στρατόπεδα εκπαίδευσης μαχητών οι οποίοι μετά από μία σύντομη περίοδο όπου λάμβαναν μαθήματα ανορθόδοξου πολέμου και Ισλαμικής κατήχησης στέλνονταν στην Τσετσενία. Οι Ρωσικές μυστικές υπηρεσίες βρήκαν τουρκικές ταυτότητες σε θύματα εκκαθαριστικών επιχειρήσεων.Οι εθελοντές που πήγαιναν στην Τσετσενία ήταν συνήθως τούρκοι πολίτες. Μερικοί απ' αυτούς δεν επέστρεψαν ποτέ.

Η ισλαμική συνείδηση στην Τουρκία ενισχύθηκε από τις επεμβάσεις των Δυτικών σε Ιράκ και Αφγανιστάν και παρείχε την ευκαιρία σε δίκτυα στρατολόγησης που δρουν στην Τουρκία να αυξήσουν δραματικά τα μέλη τους. Σήμερα οι Τούρκοι της τζιχάντ συμμετέχουν στα μέτωπα του Πακιστάν, του Ιράκ και της Κεντρικής Ασίας. Υπολογίζεται ότι περισσότεροι από 200 Τούρκοι βρίσκονται σήμερα στο τρίγωνο Συρίας, Ιράκ και Λιβάνου.

Μεταξύ 2008-2010, ο αριθμός βιβλίων και ιστοσελίδων που προωθούν τη τζιχάντ μειώθηκε ως αποτέλεσμα της κινητοποίησης των Τουρκικών υπηρεσιών ασφάλειας και αντικατασκοπίας. Εντούτοις, ο αριθμός μαχητών και συμπαθούντων έχει αυξηθεί τους τελευταίους 10 μήνες. Οι νέοι που θέλουν να λάβουν μέρος στη Τζιχάντ μπορούν να προσεγγίσουν τα μέτωπα των μαχών πολύ εύκολα. Οι περισσότεροι χρησιμοποιούν τις αεροπορικές γραμμές μεταξύ Κων/πολης και Ισλαμαμπάντ ή Τεχεράνης και από εκεί προς το Zahedan μέσω Taffeta.

Ισλαμικές Επιχειρηματικές Ενώσεις

Σε ευρύ αριθμό διπλωματικών εγγράφων γίνεται αναφορά στις Ισλαμικές επιχειρηματικές ομάδες πίεσης και την επιρροή που ασκούν στην ηγεσία του ΑΚΡ. Θα επιχειρήσουμε να παρουσιάσουμε τη δομή, την ιδεολογία και τους τομείς οικονομικής δραστηριότητας των Ισλαμικών Ενώσεων Επιχειρηματιών.

Η περίοδος Οζάλ

Οι οικονομικές και πολιτικές μεταρρυθμίσεις που δρομολόγησε ο Τουργκούτ Οζάλ την περίοδο 1983-1993 οδήγησαν στην ενίσχυση του ρόλου και της επιρροής των ισλαμιστικών κύκλων. Οι μεταρρυθμίσεις αποδυνάμωσαν τον κρατικό έλεγχο στην οικονομία και δημιούργησαν μια νέα κατηγορία επιχειρηματιών στις επαρχιακές πόλεις της Ανατολίας, όπως στο Ικόνιο, στη Καισάρια, στο Denizli, στο Gaziantep και το Kahramanmaraş. Η οικονομική επέκταση δημιούργησε μια νέα επιχειρηματική τάξη που ονομάστηκε «Τίγρεις της Ανατολίας» με ισχυρές ρίζες στα Ισλαμικά τάγματα (tariqat) και κοινότητες (camaat). Αυτή η ομάδα επιχειρηματιών ευνοούσε τις φιλελεύθερες οικονομικές πολιτικές και τη μείωση του ρόλου του κράτους στην οικονομία. Υποστήριζε επίσης μεγαλύτερη θρησκευτική ελευθερία στο δημόσιο βίο.

Στη δεκαετία του '90, οι «Τίγρεις της Ανατολίας» υποστήριξαν το Κόμμα της Ευημερίας του Ισλαμιστή ηγέτη Ερμπακάν. Σήμερα, είναι η βασική ομάδα στήριξης και επιρροής εντός του ΑΚΡ. Οι μεταρρυθμίσεις του Οζάλ οδήγησαν σε μαζική εισροή επενδυτικών κεφαλαίων, κυρίως από τα Εμιράτα του Κόλπου. Αυτό επέτρεψε στους Ισλαμιστές να οργανωθούν πολιτικά. Ο Οζάλ αναγνώρισε το δικαίωμα στα Ισλαμικά τάγματα να ιδρύουν ιδιωτικά σχολεία και πανεπιστήμια αλλά και ΜΜΕ προκειμένου να απευθυνθούν σε ένα ευρύτερο ακροατήριο ψηφοφόρων.

Η δημιουργία της MÜSİAD

Η «Ανεξάρτητη Ένωση Βιομηχάνων και Επιχειρηματιών» (Müstakil Sanayiciler ve Işadamları Derneği) δημιουργήθηκε από πέντε ισλαμιστές επιχειρηματίες στις 5 Μαΐου 1990 στη Κων/πολη. Ο κύριος στόχος της MÜSİAD ήταν να ενισχυθούν οι μικρές και μεσαίες επιχειρήσεις της Ανατολίας, να αυξήσουν την παραγωγική τους δυνατότητα και να βρουν νέες αγορές για να εξάγουν. Οι σημαντικότεροι τομείς όπου δραστηριοποιούνται τα μέλη της MÜSİAD είναι οι κατασκευές, η παροχή υπηρεσιών, η ενέργεια, τα ηλεκτρονικά, ο μηχανολογικός εξοπλισμός, τα μέταλλα και τα τρόφιμα. Η MÜSİAD έχει 2500 μέλη που εκπροσωπούν 7500 εταιρίες οι οποίες παράγουν το 10% του ΑΕΠ.

Αν και πολλοί από τους ηγέτες της MUSİAD είναι μέλη του ΑΚΡ, η Ένωση δηλώνει ότι δεν είναι πολιτική οργάνωση. Αναγνωρίζει ότι έχει κοινωνική και οικονομική ατζέντα, και θέλει να επεκτείνει την ελευθερία των ατόμων να συμμετέχουν σε θρησκευτικές δραστηριότητες στον εργασιακό χώρο. Επιδιώκει επίσης να εφαρμόσει τις ισλαμικές αξίες στη επιχειρηματική πρακτική και τη κοινωνική συμπεριφορά.

Erol Yarar: Ο θεωρητικός της MUSIAD

Πολύ στενός φίλος του Ερμπακάν εντούτοις δεν συνδέεται επίσημα με κάποιο πολιτικό κόμμα. Τάσσεται υπέρ του εμπορίου με τις μουσουλμανικές χώρες και την Κεντρική Ασία, αφ' ετέρου αντιτάσσεται στις σχέσεις με την Ευρωπαϊκή Ένωση και ειδικά με τη Συνθήκη Τελωνειακής ένωσης. Ο Γιαράρ θεωρεί ότι το Ισλάμ και η συσσώρευση πλούτου είναι συμβατά με το Κοράνι και τη Σούνα. Το 1994 δημοσιεύει άρθρο όπου υποστηρίζει ότι μπορεί ένας ηθικός και απλός μουσουλμάνος να είναι πλούσιος. Ο Erol Yarar, δυνατά και υπερήφανα δηλώνει: «*Πρέπει να γίνουμε πλούσιοι. Πρέπει να εργαστούμε ακόμη περισσότερο και να προσπαθήσουμε να είμαστε ακόμα πλουσιότεροι για να γίνουμε ισχυρότεροι από τους κοσμικούς (άθεους). Οι θησαυροί του Αλλάχ πρέπει να φύγουν από τα χέρια τους. Πρέπει να τους έχουμε εμείς*». (TWJ, 8/2008)

Ο Erol Yarar είναι ο σημαντικότερος φιλόσοφος της MÜSİAD και συντάκτης ενός μικρού βιβλίου με οικονομικό και πολιτικό χαρακτήρα. Όπως εξηγεί στο βιβλίο του, η παγκόσμια οικονομία είναι από εδώ και στο εξής κεντροθετημένη στην ανατολική Ασία: «*Τώρα, στις αρχές του 21ου αιώνα, άλλη μια φορά, η δυτική πλευρά του Ειρηνικού, που είναι η ανατολική Κίνα, γίνεται το κέντρο της παγκόσμιας οικονομίας.*» (TWJ, 8/2008)

Κατά συνέπεια η αμοιβαία βοήθεια μεταξύ των μουσουλμανικών χωρών είναι ουσιαστικές. Το πρόγραμμα της MÜSİAD για την Τουρκία είναι όχι μόνο οικονομικό, αλλά και κοινωνικό. Προτείνει στη χώρα ένα νέο ηθικό σύστημα, ως εναλλακτική λύση στις υλιστικές αξίες του δυτικού κόσμου. Θεωρεί ότι η οικονομική και τεχνολογική πρόοδος πρέπει να συνοδευθεί από ένα πνευματικό βήμα που αμφισβητείται μέχρι τώρα από τη δυτική κεφαλαιοκρατία.

Η MÜSİAD ιδιαίτερα επικρίνει την πτώση των οικογενειακών αξιών στο Δύση και την ηδονιστική φιλοσοφία της, αρμόδια για την αποσύνθεση της κοινωνικής δομής. Για να μην περιέλθει στις παγίδες της δυτικής κοινωνίας, η MÜSİAD προτείνει για την Τουρκία μία σφριγηλή ηθική ανασυγκρότηση που υποστηρίζει την ισλαμική ηθική, την οικογένεια και τη κοινότητα. Τα μέλη της MÜSİAD θεωρούνται παραδείγμα για την τουρκική κοινωνία της οποίας θέλουν να είναι η νέα ελίτ. Αλλά επίσης ξέρουν ότι η επέκταση του προτύπου τους εξαρτάται πολύ από την οικονομική επιτυχία τους και την ικανότητα επιρροής τους στην πολιτική.

Η TUSKON

Η TUSKON δεν έχει προφανή πολιτική ατζέντα αλλά οι ιδρυτές της και τα μέλη της είναι κοντά στο κίνημα Gulen. Η TUSKON θεωρείται ο τέταρτος βραχίωνας του δικτύου Γκιουλέν μετά την εκπαίδευση, τα ΜΜΕ και τις δραστηριότητες διαθρησκευτικού διαλόγου. Η TUSKON ιδρύθηκε για να στηρίξει μικρές και μεσαίου μεγέθους επιχειρήσεις που αποτελούν την ραχοκοκαλιά της τουρκικής οικονομίας. Η κυβέρνηση ΑΚΡ θεωρείται προνομιακός συνομιλητής και υποστηρικτής των συμφερόντων της TUSKON.

Η ISHAD

Η Ενωση Συνεργασίας Επιχειρηματικής Ζωής (ISHAD) ιδρύεται από μια ομάδα ισλαμιστών επιχειρηματιών στη Κων/πολη. Η ISHAD στοχεύει να αναπτύξει τις εμπορικές σχέσεις μεταξύ των τουρκών και ξένων επιχειρηματιών. Η ISHAD έχει αυτήν την περίοδο πάνω από 550 μέλη που έχουν εμπορικές συνδέσεις με πολλές χώρες.

Η ISHAD διαδραματίζει έναν πρωτοπόρο ρόλο στην προσπάθεια της τουρκικής επιχειρηματικής κοινότητας να γίνει κοινωνία των πληροφοριών και να συμμετέχει στην παγκόσμια αγορά με την προσφορά των συγκεκριμένων επιχειρησιακών οφελών.

Με τη συνεχώς αναπτυσσόμενη βάση δεδομένων και ενίσχυση των διεθνών δεσμών της ISHAD, η Ένωση έχει γίνει ένα παράθυρο ευκαιριών για τους τουρκούς και ξένους επιχειρηματίες που στοχεύουν στην παγκόσμια αγορά και την επένδυση. Η ISHAD παρέχει πληροφορίες για τους ξένους επενδυτές στη Τουρκία και στο εξωτερικό.

Αραβικές επαναστάσεις και Τουρκικές εξαγωγές

Η Τουρκία στηρίζεται οικονομικά στο τουρισμό, στη βιοτεχνία-υφαντουργία, στις κατασκευές, τα τρόφιμα, τα ηλεκτρικά/ηλεκτρονικά, στην εξαγωγή σιδήρου-χάλυβα και στην αναδυόμενη στρατιωτική της βιομηχανία. Οι εξαγωγές έχουν τετραπλασιαστεί από το 2002 με τους λεγόμενους "τίγρεις της Ανατολής" που στηρίζουν το ΑΚΡ του Ερντογάν. Οι κύριοι πελάτες της Τουρκίας είναι η Γερμανία, τα Η.Α.Ε, η Ρωσία, η Αγγλία, η Γαλλία, η Ιταλία και η Ισπανία.

Την ίδια στιγμή (από το 2004 και μετά) οι άμεσες ροές κεφαλαίων (κυρίως αραβικών και ρωσικών) προς την Τουρκία ξεπέρασαν τις συνολικές επενδυτικές ροές της τελευταίας 25ετίας (1983-2008) σε συνδυασμό με την απελευθέρωση των αγορών και το κύμα αποκρατικοποιήσεων κάτω από τις υποδείξεις του ΔΝΤ.

Η Τουρκία διαθέτει μία οργάνωση ομπρέλα (DEIK) διμερών επιχειρηματικών συμβουλίων που καλύπτει μεγάλο αριθμό χωρών σε όλες τις ηπείρους. Φιλοξενεί στην Κων/πολη περιφερειακά επιχειρηματικά forums με συμμετοχή Προέδρων και Πρωθυπουργών χωρών, όπως το πρόσφατο Τουρκο-Αφρικανικό Συνέδριο. Από το 1988 (έτος ίδρυσης του DEIK επί πρωθυπουργίας Ozal) η Τουρκία καλλιέργησε την εξωστρέφεια στην οικονομία της συνδυάζοντας την με το νέο-οθωμανικό δόγμα της πάλαι πότε περιφερειακής δύναμης.

Οι τούρκοι επιχειρηματίες είναι αισιόδοξοι ότι τα αραβικά κινήματα θα εκδημοκρατίσουν τις χώρες του μουσουλμανικού κόσμου, με τις οποίες η Τουρκία θα αυξήσει τις εμπορικές σχέσεις. Ο Rizanur Meral, πρόεδρος της TUSKON, πρόσθεσε ότι οι τούρκοι επιχειρηματίες θεωρούν ότι και η Τυνησία και η Αίγυπτος θα παρουσιάσουν ταχεία οικονομική ανάπτυξη μέσα σε ένα δημοκρατικό περιβάλλον.

«Η εξαγωγή εμπορευμάτων προς την Αίγυπτο έχει χρονοτριβήσει, οι αγοραστές των αιγυπτιακών προϊόντων είναι απρόθυμοι να εισάγουν τώρα. Οι δημόσιες τράπεζες έχουν επιβραδύνει τις κύριες συναλλαγές. Δεν είναι ακριβώς βέβαιοι για την κατάσταση στο τελωνείο καθώς επίσης και στις αποθήκες εμπορευμάτων. Λόγω αυτών των ανησυχιών ο επιχειρηματικός κόσμος προτιμά να περιμένει λίγο. Ελπίζουμε ότι αυτές οι χώρες θα καθιερώσουν ένα δημοκρατικό σύστημα και σύντομα θα έχουν μια γρήγορη οικονομική ανάπτυξη. Πιστεύουμε σε αυτό. Για αυτό σκεφτόμαστε ότι πρέπει να χαμογελάσουμε και να αντέξουμε προς το παρόν, αλλά μετά πιστεύουμε ότι οι εμπορικές και οικονομικές σχέσεις θα είναι καλύτερες με τις νέες, πιο φιλελεύθερες και δημοφιλείς κυβερνήσεις εκεί. Όλες οι αλλαγές που μπορούν να συμβούν σε αυτές τις δύο χώρες μπορούν να είναι προς το πολιτικό συμφέρον της Τουρκίας. Δεν φοβούμαστε για αυτό.» (tuskon.org.tr/2011)

Εργκενεκόν και Σχέδια πραξικοπήματος

Ο όρος βαθύ κράτος *(derin devlet)* χρησιμοποιείται τόσο από Τούρκους αναλυτές όσο και από ξένους παρατηρητές της Τουρκικής δημόσιας ζωής. Ιστορικά, η χρήση του όρου βαθύ κράτος αρχίζει στα πρώτα χρόνια της δεκαετίας του 1970. Πρόκειται για την περίοδο όπου κάνουν την εμφάνιση τους νέοι πολιτικοί σχηματισμοί της Άκρας Δεξιάς, της Άκρας Αριστεράς και των Ισλαμιστών. Δολοφονίες, προβοκάτσιες, περίεργα «ατυχήματα» κυριαρχούν στο πολιτικό και κοινωνικό βίο της χώρας. Οι αριστεροί κατηγορούν το «βαθύ κράτος» της Άκρας Δεξιάς, οι Ισλαμιστές ταυτίζουν το βαθύ κράτος με τις μασονικές στοές και τους Κεμαλιστές, οι Κούρδοι αυτονομιστές αποδίδουν τις προβοκάτσιες στους Τούρκους εθνικιστές.

Όλοι όμως έχουν την πεποίθηση ότι το *βαθύ κράτος*, δηλαδή μία δομή που υπάρχει παράλληλα και μέσα στο επίσημο Τουρκικό κράτος, στελεχώνεται από μέλη των Σωμάτων Ασφαλείας, της Δικαιοσύνης, των ακαδημαϊκών κύκλων, των πολιτικών κομμάτων αλλά και του οργανωμένου εγκλήματος. Πολλοί αναλυτές κατά περιόδους έχουν ταυτίσει ή συγκρίνει το *βαθύ κράτος* με τις δομές τύπου Gladio (στην Ιταλία), οι οποίες δημιουργήθηκαν τη δεκαετία του 1950 στα κράτη μέλη του ΝΑΤΟ προκειμένου να διεξάγουν αντάρτικο πόλεμο σε περίπτωση Σοβιετικής κατοχής αυτών.

Η τρομοκρατική οργάνωση Ergenekon

Η έναρξη των ερευνών για την οργάνωση *Ergenekon* ξεκίνησε τον Ιούλιο του 2007 λίγο πριν τις κοινοβουλευτικές εκλογές στην Τουρκία. Είχε προηγηθεί το "δικαστικό πραξικόπημα" του Απριλίου 2007 με την ακύρωση της εκλογής του Abdullah Gul, νούμερο 2 του κυβερνώντος κόμματος (ΑΚΡ) στην Προεδρία της Δημοκρατίας. Η ακυρωτική απόφαση του Συνταγματικού Δικαστηρίου βασιζόταν στο επιχείρημα της απουσίας του προβλεπόμενου αριθμού παρόντων βουλευτών προκειμένου να ξεκινήσει η διαδικασία ανάδειξης Προέδρου Δημοκρατίας.

Ο πρωθυπουργός Ερντογάν γνώριζε (από το 2003) την ύπαρξη της οργάνωσης Ergenekon μετά από έκθεση που του είχε υποβάλλει η ΜΙΤ (Εθνική Υπηρεσία Πληροφοριών). Ο εισαγγελέας Zekeriya Oz που ανέλαβε την δικαστική έρευνα αποκάλυψε ότι η ΜΙΤ γνώριζε την ύπαρξη της Ergenekon από τον Ιούλιο του 2002.

Σε κατ' οίκον έρευνα που διεξήχθη τον Ιούνιο του 2007 σε οικία της περιοχής Umraniye στη Πόλη βρέθηκαν όπλα και πυρομαχικά καθώς και έγγραφα τα οποία οδήγησαν στην προσαγωγή του απόστρατου αξιωματικού Veli Kucuk (διοικητής της JITEM τη δεκαετία του 1990) καθώς επίσης και άλλων γνωστών προσωπικοτήτων της πολιτικής και κοινωνικής ζωής αλλά και των σωμάτων ασφαλείας.

Η Υπηρεσία Πληροφοριών Jitem (Jandarma İstihbarat ve Terörle Mücadele) της τουρκικής Στρατοχωροφυλακής, είχε αρμοδιότητα τη συλλογή πληροφοριών σχετικά με την τρομοκρατία κυρίως στην ανατολική Τουρκία. Ο απόστρατος αξιωματικός Arif Doğan ομολόγησε ότι ήταν ο ιδρυτής της Υπηρεσίας και παρέδωσε τη διοίκηση της στον προφυλακισμένο απόστρατο αξιωματικό Veli Küçük το 1990. Μέλη της Jitem εκτός αξιωματικών της Στρατοχωροφυλακής ήταν πληροφοριοδότες - πρώην μέλη του ΡΚΚ, προστάτες χωριών και άτομα του υποκόσμου.

Οι έρευνες συνεχίστηκαν καθ' όλη την περίοδο 2007-8 στις οικίες υπόπτων όπου βρέθηκαν όπλα, έγγραφα και ηλεκτρονικά αρχεία (σε σκληρούς δίσκους) με αποτέλεσμα να βρίσκονται σήμερα προφυλακισμένοι 86 μέλη της Ergenekon σε διάφορες φυλακές της Τουρκίας. Στο οργανόγραμμα της Ergenekon που συνέταξε ο εισαγγελέας περιλαμβάνονται 14 πολιτικοί, 13 δημοσιογράφοι, 19 επιχειρηματίες, 3 πληροφοριοδότες, 9 μέλη των Ενόπλων Δυνάμεων, ένας αστυνομικός διοικητής και 9 μέλη της μαφίας.

Στις 07 Ιουλίου 2008 θα είναι η πρώτη φορά που υψηλόβαθμοι στρατιωτικοί προφυλακίζονται με κατηγορίες απόπειρας πραξικοπήματος. Μεταξύ αυτών, ο απόστρατος στρατηγός Sener Eruygur, πρώην επικεφαλής της Τουρκικής Στρατοχωροφυλακής (Jandarma) και ο στρατηγός Hursit Tolon, πρώην διοικητής της 1ης Στρατιάς. Ο Eruygur ήταν πρόεδρος της Ένωσης Κεμαλικής Σκέψης (ADD), ο οποίος πρωταγωνίστησε στη διοργάνωση μαζικών διαδηλώσεων (σε Σμύρνη, Άγκυρα, Κων/πλη) πριν τις Προεδρικές Εκλογές του 2007. Τόσο ο Eruygur όσο και ο Tolon αντιμετωπίζουν κατηγορίες ως «ιθύνοντες» της τρομοκρατικής οργάνωσης Εργκένεκον. Και οι δύο οδηγήθηκαν στις φυλάκες Metris στην Κων/πολη.

Εγγραφα που βρέθηκαν στις οικίες υπόπτων για συμμετοχή στην οργάνωση Εργκένεκον αποκαλύπτουν τα σχέδια και τις ενέργειες για απόπειρα πραξικοπήματος. Συγκεκριμένα σε 2 σχέδια με το κωδικό όνομα Sarikiz (ξανθό κορίτσι) και Ayisigi (φεγγαράδα), προστίθεται ένα τρίτο σχέδιο με το κωδικό Eldiven (γάντι) το οποίο βρέθηκε στο σπίτι του στρατηγού Eruygur. Στο εν λόγω σχέδιο αναφέρεται ότι υπάρχει διαφωνία στις τάξεις του στρατού σχετικά με το πραξικόπημα και προτείνονται πρωτοβουλίες για «υπέρβαση» αυτών.

Κύριος στόχος του σχεδίου Eldiven είναι να μεταρρυθμίσει τις Ένοπλες Δυνάμεις, το Κοινοβούλιο, τη γραφειοκρατία και να αναθεωρήσει το Σύνταγμα. Προκειμένου να υλοποιηθούν τα εν λόγω σχέδια, οργανώσεις της κοινωνίας των πολιτών θα κινητοποιηθούν για το κοινό τελικό σκοπό. Ο ρόλος των μέσων μαζικής ενημέρωσης θα είναι να «εκθέσει» τους φιλελεύθερους και τους δημοκράτες στη κοινή γνώμη η οποία θα υποστηρίξει εν τέλει τις θέσεις του στρατού.

Σχέδιο δολοφονίας Ερντογάν

Στα πλαίσια της ακροαματικής διαδικασίας της υπόθεσης Εργκενεκόν, η Εθνική Υπηρεσία Πληροφοριών (ΜΙΤ) απέστειλε αναφορά (στο 13ο Ποινικό Δικαστήριο της Κωνσταντινούπολης), η οποία κάνει λόγο για απόπειρα δολοφονίας του Τούρκου πρωθυπουργού Ερντογάν μετά τις εκλογές του Ιουλίου 2007. Σε ανώνυμο ηλεκτρονικό μύνημα που εστάλη στη ΜΙΤ, ο Zekeriya Öztürk, αξιωματικός των ΤΕΔ και βασικός ύποπτος στην υπόθεση Ergenekon, συμμετείχε στο σχέδιο δολοφονίας. Το μήνυμα ανέφερε ότι ο Öztürk νοικίασε το υπόγειο ενός κτηρίου στη γειτονιά Kisikli της περιοχής Üsküdar της Κωνσταντινούπολης, στην οποία μερικοί συγγενείς του πρωθυπουργού κατοικούσαν, τον Ιούλιο του 2007. Σύμφωνα με τη ΜΙΤ, δύο άτομα που έφθασαν στην Τουρκία από την Τσετσενία διορίστηκαν για να πραγματοποιήσουν το σχέδιο δολοφονίας. Η δολοφονία προγραμματίστηκε για την 27η Ιουλίου 2007 ακριβώς πέντε ημέρες μετά από τις κοινοβουλευτικές εκλογές

Οι κατηγορίες

Οι εισαγγελείς, στο κατηγορητήριο που δημοσιοποιήθηκε πρόσφατα, υποστηρίζουν ότι η οργάνωση Ergenekon βρίσκεται πίσω από μία σειρά πολιτικών δολοφονιών τις τελευταίες δύο δεκαετίες. Θα πρέπει εδώ να διευκρινήσουμε ότι οι εισαγγελείς αναφέρονται σε μία εγκληματική οργάνωση η οποία μετονομάστηκε σε Ergenekon το 1999 και αναδιαρθρώθηκε. Υποστηρίζουν δε ότι η δολοφονία του Κεμαλιστή δημοσιογράφου Uğur Mumcu (1993) που ερευνούσε την υπόθεση κλοπής 100.000 όπλων από τις αποθήκες του Τουρκικού Στρατού, του επιφανούς επιχειρηματία Özdemir Sabancı (1996), του κεμαλιστή ακαδημαϊκού Necip Hablemitoğlu το 2002 και του δικαστή του Συμβουλίου της Επικρατείας (2006) σχετίζονται άμεσα με τη δράση της Ergenekon.

Το κατηγορητήριο αναφέρει ότι οι επιτελείς της Ergenekon, έλαβαν ως πρότυπα τη λέσχη Μπίλντεμπεργκ, τους Ναζί και τη μυστική υπηρεσία (MI6) της Αγγλίας. Παραθέτουμε τους στόχους και τις δράσεις τις οργάνωσης όπως αυτές περιγράφονται λεπτομερώς στο κατηγορητήριο

Οργανωτικές δραστηριότητες στο εσωτερικό και το εξωτερικό

1- Διείσδυση και οργάνωση με σκοπό την απόκτηση επιρροής στις Τουρκικές Ένοπλες Δυνάμεις (ΤΕΔ)
2- Διείσδυση και οργάνωση με σκοπό την απόκτηση επιρροής σε όλες τις οργανωτικές δομές του κράτους
3- Εισπήδηση σε όλες τις μαζικές πολιτικές, κοινωνικές οργανώσεις, μυστικές δραστηριότητες για τον έλεγχο της δομής και της διοίκησής τους
4- Έλεγχος των ΜΜΕ με σκοπό την κυριαρχία σε πολιτικό επίπεδο
5- Παραπληροφόρηση της κοινής γνώμης μέσω των ελεγχόμενων ΜΜΕ
6- Δημιουργία και διοίκηση τρομοκρατικών οργανώσεων, συνεργασία με υφιστάμενες τρομοκρατικές οργανώσεις
7- Δημιουργία εννιαίου κέντρου ελέγχου και διοίκησης των συνδικάτων και των εργατικών οργανώσεων
8- Έλεγχος των οργανώσεων νεολαίας των πανεπιστημίων
9- Συλλογή πληροφοριών για την πολιτική δράση όλων των δημοσίων υπαλλήλων
10- Στρατολόγηση προσωπικοτήτων και ατόμων που δεν είναι συμβιβασμένοι με το σύστημα
11- Στρατολόγηση και χρησιμοποίηση ατόμων που δορουν στην παρανομία

Παράνομες δραστηριότητες της οργάνωσης για προσπορισμό πλούτου

1- Απόλυτος έλεγχος της δράσης της μαφίας
2- Έλεγχος της διακίνησης ναρκωτικών
3- Παράνομη πώληση δημοσίων εκτάσεων
4- Κλοπή χρημάτων από τράπεζες μέσω της δράσης των hackers
5- Παραγωγή και εμπορία χημικών όπλων
6- Εμπόριο αεροπρικού cargo (για ξέπλυμα μαύρου χρήματος)
7- Ίδρυση ελεγχόμενων-εικονικών ισλαμικών ιδρυμάτων
8- Ίδρυση εικονικών εταιρειών
9- Εμπόριο-διακίνηση λαθρομεταναστών
10- Καμπάνιες οικονομικής βοήθειας μέσω ελεγχόμενων μαζικών οργανώσεων

Ξέπλυμα και νομιμοποίηση των κεφαλαίων της οργάνωσης

1- Ίδρυση εμπορικών εταιρειών
2- Συγκρότηση Holdings
3- Ίδρυση τραπεζών
4- Ίδρυση χημικών-φαρμακευτικών βιομηχανιών (για παραγωγή χημικών όπλων)
5- Ίδρυση ιδιωτικών εταιρειών ασφάλειας (SECURITY)
6- Ίδρυση νέων οργανωμένων βιομηχανικών περιοχών σε δημόσιες εκτάσεις
7- Κατασκευή νέων οικισμών με σκοπό την εξασφάλιση κεφαλαίων
8- Ίδρυση μεταφορικών εταιρειών και εταιρειών cargo

Ένοπλη και βίαιη δράση της οργάνωσης για πραγμάτωση των στόχων της οργάνωσης

1. Ίδρυση και διοίκηση τρομοκρατικής οργάνωσης
2. Χρησιμοποίηση διαφόρων μεθόδων ψυχολογικού πολέμου, με σκοπό την παραπληροφόρησης της κοινής γνώμης
3. Πρόκληση εθνοτικών-φυλετικών συγκρούσεων με σκοπό τη δημιουργία χάους και κλίματος που θα δικαιολογεί την εκδήλωση πραξικοπήματος
4. Δολοφονίες πολιτικών με σκοπό την τρομοκράτηση και τη "συμμόρφωσή" τους
5. Εξασφάλιση όπλων, πυρομαχικών και εκρηκτικών για εκτέλεση δολοφονιών και προβοκατόρικων ενεργειών
6. Οργάνωση κλειστών συνομωτικών ομάδων-πυρήνων για πραγματοποίση δολοφονιών
7. Εξασφάλιση απόρρητων πληροφοριών και εγγράφων του κράτους, με σκοπό την χρησιμοποίησή τους σύμφωνα με τους στόχους της τρομοκρατικής οργάνωσης ΕΡΓΕΝΕΚΟΝ
8. Συλλογή πληροφοριών, με σκοπό την μετατροπή των πληροφοριών σε χρήμα, που είναι και ένας από τους στόχους της οργάνωσης
9. Χρησιμοποίηση των ιδιωτικών εταιρειών ασφαλείας της οργάνωσης με σκοπό τη συλλογή πληροφοριών
10. Συλλογή πληροφοριών μέσω των συλλόγων και των ιδρυμάτων που ίδρυσε η τρομοκρατική οργάνωση ΕΡΓΕΝΕΚΟΝ
11. Χρησιμοποίηση και προβοκατόρικη των συλλόγων που ίδρυσε η οργάνωση σε μαζικές εκδηλώσεις
12. Εξοπλισμός και εκπαίδευση των μελών της οργάνωσης
Όλες οι παραπάνω δράσεις και δραστηριότητες της τρομοκρατικής οργάνωσης ΕΡΓΕΝΕΚΟΝ προκύπτουν σαφώς από έγγραφα και ντοκουμέντα που βρέθηκαν και ανήκουν στην οργάνωση και, όπως αποδεικνύεται από γραπτές αποφάσεις της οργάνωσης και από τα ίδια τα γεγονότα, όλα τα παραπάνω τέθηκαν σε εφαρμογή και πήραν το χαρακτήρα εκτελεστικής δράσης.

Οι προοπτικές

Η υπόθεση Ergenekon έχει δείξει ότι εφ΄ εξής οι στρατηγοί δεν θα είναι άθικτοι και δεν είναι πλέον εύκολο να συμμετέχει κανείς σε παράνομες - παρακρατικές δραστηριότητες, χάρη στη προηγμένη τεχνολογία και το συνεχώς αυξανόμενο ποσοστό επιτυχίας των δυνάμεων ασφάλειας, ιδιαίτερα της Αστυνομίας. Μερικά τμήματα της κοινωνίας θα συνεχίσουν να προσπαθούν να εκτροχιάσουν την κυβέρνηση του ΑΚΡ μέσω μη δημοκρατικών μέσων για τουλάχιστον μια δεκαετία. Τα μέλη της Ergenekon πιάστηκαν εύκολα, αλλά ένας από τους λόγους για αυτό ήταν η υπερβολική αυτοπεποίθηση της Ergenekon. Ήταν βέβαιοι ότι κανένας δεν θα τολμούσε να τους συλλάβει και για αυτό δεν ενέργησαν διακριτικά. Κανείς δεν εξεπλάγη από τη σύλληψη αυτών των ανθρώπων καθώς δεν έκρυβαν τα αντί δημοκρατικά παιχνίδια τους.

Σχόλια στο Τουρκικό Τύπο

Ο Τουρκικός Τύπος διαδραμάτισε καταλυτικό ρόλο στην αποκάλυψη της οργάνωσης Εργκενεκόν καθώς πολλά αποδεικτικά στοιχεία ενοχής είδαν το φως της δημοσιότητας πολύ πριν φτάσουν στα χέρια του αρμόδιου εισαγγελέα. Παραθέτουμε ενδεικτικά σχόλια αρθρογράφων εφημερίδων ευρείας κυκλοφορίας.

Η **Gülay Göktürk** γράφει στην εφημερίδα Bugün, «*Λυπάμαι, φίλοι της Ergenekon. Οι προσπάθειές σας να ευτελίσετε την Ergenekon αποδείχθηκαν μάταιες. Το βουνό δεν γέννησε ένα ποντίκι, όπως είπατε αλλά ένα τέρας*». Η ίδια τονίζει ότι οι φρικτές κατηγορίες στη υπόθεση Ergenekon ακόμα δεν φαίνονται να ικανοποιούν τους υποστηρικτές της οργάνωσης. «*Θα συνεχίσουν να αμφισβητούν τα συγκεκριμένες στοιχεία και τις καταθέσεις των μαρτύρων και θα συνεχίσουμε να τους παρουσιάζουμε τα γεγονότα,*» γράφει σε άρθρο της η Göktürk.

Ο **Türker Alkan**, στην φιλελεύθερη εφημερίδα Radikal, βρίσκει τον αριθμό των υπόπτων που κατηγορούνται στη υπόθεση της Ergenekon πάρα πολύ υψηλό. Οι 86 ύποπτοι περιλαμβάνουν άτομα από διαφορετικές κοινωνικές τάξεις όπως καθηγητές, συνταξιούχους στρατηγούς, δημοσιογράφους και ακαδημαϊκούς. «*Η ομάδα των ατόμων που θεωρούνται ως εγκέφαλοι των δολοφονιών και των επιθέσεων αποτελεί μια σύνθεση προσωπικοτήτων που ακόμη και ο διάβολος δε θα σκεφτόταν*» γράφει ο εν λόγω δημοσιογράφος. «*Έχω πραγματικά δυσκολία να πιστέψω ότι μερικοί από τους υπόπτους που ξέρω προσωπικά θα μπορούσαν να συμμετέχουν σε μια τέτοια εγκληματική οργάνωση. Ακόμα κι αν ένας από κάθε 10 ισχυρισμούς στη μήνυση να είναι πραγματικός, αυτό σημαίνει ότι βρισκόμαστε αντιμέτωποι με μια πολύ σοβαρή κατάσταση*» δηλώνει ο Türker Alkan.

Ο **Mahir Kaynak** της εφημερίδας Star, γνωστός πολιτικός αναλυτής, θέτει μερικές ερωτήσεις για τη λειτουργία της Ergenekon. «*Αυτή η οργάνωσε δημιουργήθηκε ως αποτέλεσμα συναίνεσης; Υπάρχουν άτομα και από τις δύο πλευρές που θυσιάζονται ή πρόκειται για μια άγρια πάλη ανταγωνισμού; Ποιά είναι η πολιτική ερμηνεία της Ergenekon;*» διερωτάται ο αρθρογράφος.

Ο **Mahmut Övür** της Sabah υποστηρίζει ότι η αποδοχή της υπόθεσης Ergenekon από το δικαστήριο και η έναρξη της δικαστικής διαδικασίας είναι τα σημαντικότερα γεγονότα στην πρόσφατη ιστορία της Τουρκίας λόγω του ότι «ο φάκελος Ergenekon παρουσιάζει μια ευκαιρία για την Τουρκία να δεχτεί την ιστορία της. Η περίπτωση της Ergenekon θα είναι μια χρυσή ευκαιρία για την Τουρκία να αντιμετωπίσει τη σκοτεινή ιστορία της. Αυτό είναι μόνο το δεύτερο βήμα. Η Τουρκία καθαρίζεται αργά» προσθέτει ο Övür.

Σχόλια πολιτικών προσωπικοτήτων και ανθρώπων του πνεύματος

Είμαι πεπεισμένος ότι αυτά τα άτομα πραγματικά ήθελαν να με σκοτώσουν. Είμαι σίγουρα πεπεισμένος ότι στην πραγματικότητα μερικοί δολοφόνοι, που περιλαμβάνουν δυστυχώς κάποιους συνταξιούχους στρατιωτικούς και δημοσιογράφους είχαν οργανώσει και προγραμμάτιζαν στην πραγματικότητα τη δολοφονία μου. Ντρέπομαι για αυτούς."

Orhan Pamuk 07/09/2008

"Θυμάμαι τη συζήτηση για την υπόθεση Susurluk. Πραγματικά ελπίζω ότι τελικά οι άνθρωποι θα ανακαλύψουν ποιος έκανε τι στο παρελθόν. Και πρέπει να γίνει σαφές ότι ένα πραξικόπημα δεν είναι υπό κανέναν όρο αποδεκτό σε μια δημοκρατία. Αυτό δεν σημαίνει ότι οι δραστηριότητες της κυβέρνησης δικαιολογούν τα πάντα. Πρέπει να βασίζονται στο κράτος δικαίου και στο σύνταγμα.»

Cem Özdemir
Αντιπρόεδρος Γερμανών Πρασίνων 11/07/2008

«Σκέφτομαι ότι εκείνα τα γεγονότα (της Ergenekon) είναι πολύ σοβαρά και πρέπει να ληφθούν πολύ σοβαρά. Φυσικά, η διαδικασία της έρευνας πρέπει να γίνει σωστά. Είναι μια ευκαιρία να κατασταθεί σαφής η αλήθεια των γεγονότων. Όπως είπα, είναι πολύ σοβαρά γεγονότα. Ελπίζω πάρα πολύ ότι η αλήθεια θα βγει από την έρευνα με τον κατάλληλο χειρισμό αυτής της περίπτωσης.»

Χαβιέ Σολάνα
Γενικός Γραμματέας Συμβουλίου Ευρωπαικής Ένωσης 04/04/2009

«Αν και το CHP είναι αδελφό κόμμα του ΠΑΣΟΚ δεν μοιραζόμαστε τις ίδιες ιδέες με τον κ. Baykal για την υπόθεση της Ergenekon. Θέλουμε αυτό το ζήτημα να διαφωτιστεί πλήρως. Πιστεύουμε ότι η περίπτωση της Ergenekon είναι πολύ σοβαρή για την τουρκική δημοκρατία. Η έρευνα πρέπει να πάει μέχρι τέλος.»

Μαριλένα Κόππα
Ευρωβουλευτής ΠΑΣΟΚ 08/01/2009

Σχέδια πραξικοπήματος και πρωταγωνιστές

Το διάστημα 2002 – 2006 καταρτίστηκαν από διάφορα όπλα και σώματα των ΤΕΔ επιχειρησιακά σχέδια πραξικοπηματικού χαρακτήρα τα οποία έλαβαν κωδικά ονόματα. Από όσα έχουν γίνει γνωστά μέσω του Τουρκικού Τύπου και των επίσημων κυβερνητικών αξιωματούχων το Σχέδιο Βαριοπούλα (Balyoz) λειτουργούσε ως το πλαίσιο (guideline) για την εκτέλεση των επιμέρους επιχειρισιακών σχεδίων. Συγκεκριμένα εκτός του σχεδίου Balyoz που παρουσιάστηκε σε στρατιωτικό σεμινάριο της 1ης Στρατιάς (Μάρτιος 2003) τα σχέδια «Δράση ενάντια στην Αντίδραση», «Κλουβί», «Σεληνόφως», «Ξανθό Κορίτσι», «Κεραυνός», «Γενειάδα», «Δρεπάνι» είναι μεταξύ των, προσφάτως δημοσιευμένων στο Τύπο, επιχειρησιακών σχεδίων.

Οι πρόσφατες έρευνες έχουν αποκαλύψει τις λεπτομέρειες αυτών των σχεδίων. Όλα στόχευσαν να ενθαρρύνουν το χάος στη χώρα ως προκαταρκτική φάση για ένα πραξικόπημα. Είναι ενδιαφέρον ότι οι δικαστικοί φάκελοι που αφορούν στα σχέδια αυτά δείχνουν ότι οι ίδιοι ανώτεροι διοικητές έχουν παίξει κύριο ρόλο σε όλες αυτές τις προσπάθειες.

Συγκεκριμένα:

Ο πρώην Α/ΓΕΝ *Özden Örnek* αναφέρεται ως μέλος της ομάδας των αξιωματικών που ετοίμασαν το σχέδιο Βαριοπούλα. Ο Örnek είναι επίσης ο κάτοχος του ημερολογίου αποσπάσματα του οποίου δημοσίευσε το περιοδικό Nokta (το 2007) όπου καταγράφονται οι προετοιμασίες για τα σχέδια «Σεληνόφως» και «Ξανθό Κορίτσι» καθώς και οι διαφωνίες εντός των ΤΕΔ περί πραγματοποίησης ή μη πραξικοπήματος.

Ο πρώην Α/ΓΕΑ *Ibrahim Fırtına* είναι ο κύριος ύποπτος στην υπόθεση του Σχεδίου «Βαριοπούλα» και του σχεδίου «Κεραυνός». Κατηγορείται επίσης ότι συνέβαλλε στο Σχέδιο «Σεληνόφως» και «Ξανθό Κορίτσι».

Ο πρώην Ναύαρχος **Feyyaz Öğütçü** κατηγορείται για την κατάρτηση του Σχεδίου «Suga» αλλά κατονομάζεται επίσης ως ο κύριος ύποπτος στη υπόθεση του Σχεδίου «Κλουβί».

Ο Ναύαρχος **Kadir Sağdıç** εμφανίζεται ως υπαρχηγός του Σχεδίου «Κλουβί» και αναφέρεται επίσης και στο σχέδιο «Βαριοπούλα». Επίσης, σύμφωνα με εμπιστευτικά έγγραφα (από τη ναυτική βάση Gölcük), οι ΤΕΔ αποφάσισαν να θάψουν έναν μεγάλο αριθμό όπλων και άλλων πυρομαχικών στη περιοχή Poyrazköy μετά από διαταγή του Sağdıç.

Ο συνταγματάρχης **Dursun Çiçek**, εμφανίζεται ως ο κύριος ύποπτος στην έρευνα σχετικά με το σχέδιο «Δράση ενάντια στη Αντίδραση» και το σχέδιο «Βαριοπούλα»

Ο απόστρατος Στρατηγός **Çetin Doğan**, είναι ο κύριος ύποπτος στην υπόθεση «Βαριοπούλα». Κατηγορείται ως ο συντάκτης του Σχεδίου Balyoz που ετοιμάστηκε όπως ισχυρίζεται ο ίδιος σύμφωνα με τις διατάξεις του Πρωτοκόλλου για την συνεργασία στη ασφάλεια και τη δημόσια τάξη (EMASYA). Ήταν επίσης ο προϊστάμενος της ΜΚΟ Ομάδα Δυτικών Μελετών η οποία ήταν γνωστή για τη συμμετοχή της στα περισσότερα από τα γεγονότα που κατέληξαν στην στρατιωτική παρέμβαση της 28ης Φεβρουαρίου 1997 και την παραίτηση της κυβέρνησης Ερμπακάν.

Το Πρωτόκολλο ΕΜΑSYA που υπεγράφη στις 7 Ιουλίου 1997 εξουσιοδοτεί το στρατό να πραγματοποιεί επιχειρήσεις καταστολής και συλλογής πληροφοριών χωρίς την εξουσιοδότηση των πολιτικών αρχών.

Εγκληματικές πράξεις που ερευνώνται σε σχέση με την οργάνωση Ergenekon

Υπόθεση δολοφονίας του Αρμένιου δημοσιογράφου Hrant Dink

Ο **Hrant Dink** τούρκος δημοσιογράφος αρμενικής καταγωγής και εκδότης της δίγλωσσης εφημερίδας AGOS δολοφονήθηκε μπροστά από τα γραφεία της εφημερίδας στη Κων/πολη, στις 17 Ιανουαρίου 2007. Η δίκη των υπευθύνων συνεχίζεται μέχρι σήμερα, 4 χρόνια μετά!

Ο δολοφόνος Ogün Samast συνελήφθη αργότερα στη Σαμψούντα. Στο αστυνομικό τμήμα όπου κρατούνταν, οι αστυνομικοί πόζαραν μαζί του με φόντο την Τουρκική σημαία. Από τις έρευνες αποκαλύφθηκε ότι συνεργός και ηθικός αυτουργός της δολοφονίας ήταν ο Erhan Tuncel, πληροφοριοδότης της JITEM (Υπηρεσίας Πληροφοριών) την οποία διοικούσε ο Veli Kucuk, επικεφαλής της Ergenekon. Ο τελευταίος είχε απειλήσει τον Hrant Dink στο παρελθόν, γεγονός που σχετίζεται με τη δολοφονία του τελευταίου.

Επιθέσεις ενάντια σε ιερωμένους, εκκλησίες και εκδοτικούς οίκους.

Το χρονικό διάστημα 2005-2007 έλαβαν χώρες δεκάδες επιθέσεις ενάντια σε μέλη και εκπροσώπους χριστιανικών κοινοτήτων σε όλη την Τουρκία. Οι εισαγγελείς που ερευνούν τις εν λόγω υποθέσεις διασταυρώνουν στοιχεία που προκύπτουν από την δικαστική υπόθεση της οργάνωσης Εργκενεκόν. Παραθέτουμε χρονολογικά τις επιθέσεις και τις δολοφονίες που έλαβαν χώρα κατά την πρώτη περίοδο διακυβέρνησης του ΑΚΡ.

Κωνσταντινούπολη
1/2005: Επίθεση κατά της προτεσταντικής εκκλησίας του Ντιριλί (Dirili)
8/2005: Επίθεση σε χριστιανό εργαζόμενο σε κατάστημα ρούχων.

Ντιγιαρμπακίρ
8/2005: Στο δρόμο που περνούσε το αυτοκίνητου του Συροχαλδαίου επισκόπου εξερράγη νάρκη
4/2006: Άγνωστοι εισέβαλαν στην εκκλησία και τρομοκράτησαν τους εκκλησιαζόμενους. Μετά την καταγγελία η αστυνομία δεν έστειλε επί μέρες περιπολικό.

Άδανα
1/ 2006: Ο επικεφαλής της προτεσταντικής εκκλησίας Καμίλ Κίρογλου δέχτηκε επίθεση, γρονθοκοπήθηκε βάναυσα και δέχτηκε απειλές κατά της ζωής του.

Τραπεζούντα
2/2007: Δολοφονήθηκε ο ιερέας της καθολικής εκκλησίας Τραπεζούνας, Ανδρέα Σαντόρο (Andrea Santoro).

Μερσίνα

3/2006: Τα μέλη της καθολικής εκκλησίας Μερσίνας απειλήθηκαν με μαχαίρι.

Σμύρνη

5/2006; Λειτουργία που τέλεσαν τα μέλη της ορθόδοξης κοινότητας της Σμύρνης στην Πέργαμο επιχειρήθηκε να ματαιωθεί μέσω διαμαρτυριών.

11/2006: Η προτεσταντική εκλησία του Οδεμησίου (Ödemiş) δέχτηκε επίθεση με έξι βόμβες μολότωφ.

12/2007: Ο ιερέας της εκκλησίας του Αγίου Αντωνίου στο Μπαϊρακλί της Σμύρνης, Αντριάνο Φραντσίνι (Adriano Franchini) δέχτηκε επίθεση με μαχαίρι.

Σαμσούντα

7/2006: Ο ιερέας Pierre Francoisse Rene Brunissen τραυματίστηκε μετά από επίθεση που δέχτηκε με μαχαίρι.

1/2007: Άγνωστοι έσπασαν με πέτρες τα τζάμια της προτεσταντικής εκκλησίας.

Μαλάτεια

4/2007: Εθνικιστές εισέβαλαν στον χριστιανικό εκδοτικό οίκο Ζιρβέ και κατακρεούργησαν τρεις χριστιανούς που δούλευαν εκεί. Μετά τη σύλληψη των υπόπτων αποκαλύφτηκε η σύνδεση ενός εξ' αυτών με τον Varol Bulent Aral, συνεργάτη του Veli Kucuk, ιθύνοντα της Ergenekon. Οι οικογένειες των δολοφόνων επιθυμούν την αποκάλυψη των ηθικών αυτουργών και καταγγέλλουν ότι παρακολουθούνται τα τηλέφωνα τους.

Σχέδιο «Βαριοπούλα»

Στις 20 Νοεμβρίου 2010, η εφημερίδα Taraf δημοσίευσε έγγραφα υπό μορφή ηλεκτρονικών οαρχείων powerpoint που ανακτήθηκαν από ένα σχέδιο 5.000 σελίδων το οποί συντάχθηκε από εν ενεργεία μέλη των ΤΕΔ την περίοδο 2002-2003. Βασικοί εμπνευστές του Σχεδίου «Βαριοπούλα» ήταν ο στρατηγός Cetin Dogan, Διοικητής της 1^{ης} Στρατιάς, ο Α/ ΓΕΑ πτέραρχος Ibrahim Firtina και ο στρατηγός Ergin Saygun, Διοικητής της Στρατοχωροφυλακής.

Σύμφωνα με το Σχέδιο «Βαριοπούλα», οι στρατιωτικοί επρόκειτο να ενθαρρύνουν συστηματικά το χάος στην Τουρκία μέσω πράξεων βίας συμπεριλαμβανομένων προγραμματισμένων επιθέσεων στα μουσουλμανικά τεμένη Fatih και Beyazit στην Κωνσταντινούπολη. Το σχέδιο προέβλεπε ότι το προγραμματισμένο χτύπημα θα αφορούσε την Κωνσταντινούπολη. Οι πραξικοποιηματίες προγραμμάτιζαν επίσης να θέσουν υπό κράτηση και να συλλάβουν χιλιάδες άνθρωπους που θα αντισταθούν στο πραξικόπημα. Το στάδιο της Φενέρμπαχτσέ Fenerbahçe και το αθλητικό κέντρο Burhan Felek θα χρησιμοποιούνταν ως κέντρα κράτησης χιλιάδων ανθρώπων
.

Ο απόστρατος στρατηγός Çetin Doğan, πρώην διοικητής της 1^{ης} Στρατιάς δήλωσε ότι «αν έχει διαπραχτεί εγκληματική πράξη σχετικά με το Σχέδιο «Βαριοπούλα», εγώ είμαι ο μόνος ένοχος είναι ένοχος. Οι συνάδελφοι μου και φίλοι μου που κατονομάζονται στην εν λόγω υπόθεση είναι άθωοι. Συγκεκριμένα δήλωσε:
«Ήμουν ο διοικητής της 1^{ης} Στρατιάς όταν πραγματοποιήθηκε το στρατιωτικό σεμινάριο. Προέδρευα του σεμιναρίου. Οι φίλοι που παρευρέθηκαν στο σεμινάριο ενέργησαν σύμφωνα με την ιεραρχία. Εάν υπάρχει έγκλημα, εγώ είμαι ένοχος, όχι οι φίλοι μου». (Zaman, 02/02/2011)

Συνεργασία με ΡΚΚ και κλιμάκια της Αλ Κάιντα στην Τουρκία

Στο σχέδιο Βαριοπούλα προβλεπόταν χειραγώγηση ομάδων του ΡΚΚ και κλιμακίων της Αλ Κάιντα στην Τουρκία προκειμένου να προβούν σε επιθέσεις που θα προκαλούσαν χάος και ανασφάλεια στη κοινή γνώμη. Θα ακολουθούσαν δημόσιες συγκεντρώσεις και διαμαρτυρίες από οργανώσεις πολιτών που ανήκουν στους εθνικιστικούς κεμαλικούς κύκλους. Η σχέση μεταξύ των επιθέσεων σε δύο Εβραϊκές συναγωγές και το υποκατάστημα της τράπεζας HSBC στην Κων/πολη που έλαβαν χώρα λίγους μήνες μετά το σεμινάριο του Σχεδίου Βαριοπούλα εξετάζεται στο πλαίσιο της δικαστικής έρευνας καθώς έχουν βρεθεί CDs με χάρτες όπου υποδεικνύονται ως πιθανοί στόχοι επιθέσεων.

Το χρονικό της δικαστικής υπόθεσης Βαριοπούλα

20.1.2010 Το σχέδιο Βαριοπούλα με την υπογραφή του τέως διοικητή της 1^{ης} Στρατιάς Çetin Doğan δημοσιεύεται στην εφημερίδα Taraf.
25.1.2010 Ο Α/ΓΕΕΘΑ στρατηγός İlker Başbuğ δήλωνει ότι δε θεωρεί τα δημοσιευμένα σχέδια ως αυθεντικά, λέγοντας ότι οι ΤΕΔ που φωνάζουν «Αλλάχ, Αλλάχ» την ώρα της επίθεσης δε θα μπορούσαν να διανοηθούν το βομβαρδισμό ενός μουσουλμανικού τεμένους.
29.1.2010 Ο εκπρόσωπος Mehmet Baransu της εφημερίδας Taraf παραδίδει μια βαλίτσα με τα αυθεντικά έγγραφα που αποτέλεσαν σύμφωνα με τους ισχυρισμούς του τη βάση του σχεδίου Βατιοπούλα.
4.2.2010 Το πρωτόκολλο EMASYA, που αποτέλεσε τη νομιμοποιητική βάση για το Σχέδιο Βαριοπούλα καταργείται.
24.2.2010 Ένας μεγάλος αριθμός αξιωματικών - απόστρατων και εν ενεργεία - τέθηκε υπό κράτηση ενώ ακολούθησε έκτακτη συνεδρίαση του ΓΕΕΘΑ.
19.7.2010 Το Ποινικό Δικαστήριο της Κωνσταντινούπολης δέχεται το κατηγορητήριο του Σχεδίου Βαριοπούλα.
23.7.2010 Εντάλματα σύλληψης εκδίδονται για 102 υπόπτους από τους οποίους 29 εν ενεργεία αξιωματικοί.
14.8.2010 Σύγκληση του Ανώτερου Στρατιωτικού Συμβουλίου υπό το βάρος του Σχεδίου Βαριοπούλα. Μερικοί στρατηγοί που εμπλέκονται στο σχέδιο Βαριοπούλα δεν προάγονται.
24.8.2010 Το Υπουργείο Άμυνας και το Υπουργείο Εσωτερικών ανήγγειλαν ότι απέρριψαν τις ενστάσεις των στρατηγών που δεν προήχθησαν.
16.12.2010 Αρχίζει η δίκη των κατηγορουμένων στην υπόθεση Βαριοπούλα Το κατηγορητήριο περιλαμβάνει 968 σελίδες ενώ ο αριθμός των υπόδικων φτάνει τους 195. Η κατηγορία αφορά απόπειρα ανατροπής της κυβέρνησης και αν καταδικαστούν προβλέπεται φυλάκιση μέχρι 20 έτη.

Επιχειρησιακό σχέδιο «Κεραυνός»

Το σχέδιο προέβλεπε τη κατάρριψη Τουρκικού μαχητικού από πιλότο της Ελληνικής Πολεμικής Αεροπορίας κατά τη διάρκεια αναχαίτησης στο Αιγαίο. Αν αυτό δεν ήταν εφικτό, το τουρκικό μαχητικό θα «έπεφτε» από φίλια πυρά!. Η Διαταγή του Α/ ΓΕΑ Ibrahim Firtina προς το διοικητή της Τουρκικής Σχολής Ικάρων Πτέραρχο Korcan Polatsü έλεγε χαρακτηριστικά: *«Οι ΤΕΔ έχουν τη σημαντική ευθύνη να εξασφαλίσουν την ύπαρξη της κοσμικής Δημοκρατίας. Η Σχολή Ικάρων θα τελέσει τα καθήκοντα που της αναλογούν στα πλαίσια αυτής της ευθύνης».* Στα πλαίσια του σχεδίου Κεραυνός, το Μουσείο Αεροπορίας στην Κων/πολη θα γινόταν στόχος «φανατικών ισλαμιστών» που θα φορούσαν κελεμπίες και ιρανικά τσαντόρ.

Επιχειρησιακό σχέδιο «Μαύρο Τσαντόρ» και «Γενειάδα»

Το σχέδιο «Μαύρο Τσαντόρ» προέβλεπε την τοποθέτηση βομβών στο χώρο υποδημάτων του Τζαμιού Φατίχ της Πόλης καθώς και στο περιβάλλοντο χώρο του Τζαμιού Μπεγιαζίτ. Οι εκρηκτικοί μηχανισμοί θα ενεργοποιούνταν με τηλεχειριστήριο οδηγώντας στο θάνατο δεκάδες πιστούς μετά το τέλος της προσευχής της Παρασκευής. Έγγραφο που εστάλει από την 1^η Στρατιά στη Διοίκηση Στρατοχωροφυλακής Κων/πολης εξηγούσε ότι «*τα τζαμιά αποτελούν ιδανικούς χώρους επιχειρήσεων καθώς δεν φυλάσονται και είναι προσβάσιμοι σε όλους*».Οι στρατιωτικοί που θα εκτελούσαν την αποστολή θα νοίκιαζαν αυτοκίνητα με πλαστές ταυτότητες και θα φορούσαν πολιτικά ρούχα.

Το σχέδιο «Γενειάδα» προέβλεπε τη δολοφονία του Οικουμενικού Πατριάρχη Βαρθολομέου και του Αρμένιου Πατριάρχη Mesrob Mutafyan καθώς επίσης και του πρώην εκπροσώπου του Βατικανού στην Πόλη, George Marovic.

Στόχοι Τούρκοι και Αρμένιοι δημοκράτες δημοσιογράφοι (Σχέδιο Δρεπάνι)

Μεταξύ των στόχων δολοφονιών ήταν επιφανή ονόματα της Τουρκικής δημοσιογράφίας όπως ο αρθρογράφος της Sabah Nazlı Ilıcak, ο αρθρογράφος της Star καθηγητής Mehmet Altan, ο αρθρογράφος Taha Akyol, ο Toktamış Ateş αρθρογράφος της Milliyet και ο αρθρογράφος Fehmi Koru.

Το Σχέδιο Δρεπάνι αφορούσε στη δολοφονία των Τούρκων δημοσιογράφων αρμενικής καταγωγής. Μεταξύ τους ο Χραντ Ντινκ, οι αρθρογράφοι των εφημερίδων Ταράφ και Ζαμάν, Etyen Mahçupyan και Sevan Nişanyan. Ο Dink δολοφονήθηκε στις 19 Ιανουαρίου 2007 μέρα-μεσημέρι μπροστά από την έδρα του δίγλωσσου αρμενικού εβδομαδιαίου Agos.

Σχέδιο Φτιάρι και Πριόνι

Το σχέδιο Φτιάρι προέβλεπε τη δολοφονία αριστερών δημοσιογράφων όπως ο αρθρογράφος Hasan Cemal της εφημερίδας Hürriyet και ο Cüneyt Ülsever, αρθρογράφος της εφημερίδας Milliyet. Οι φιλελεύθεροι δημοσιογράφοι Altan, Akyol, Ali Bayramoğlu και Mehmet Barlas επρόκειτο επίσης να δολοφονηθούν σύμφωνα με το σχέδιο «Πριόνι».

Σχέδιο Suga

Ανάμεσα στα έγγραφα που κατασχέθηκαν στη Ναυτική Βάση του Γκιόλτζουκ (Δεκέμβριος 2010) περιλαμβάνονται πληροφορίες για το σχέδιο Suga το οποίο είχε ως στόχο την τουρκική απόβαση σε Οινούσσες, Φούρνους και Λέρο. Ιθύνων νους του σχεδίου ήταν ο διοικητής του τουρκικού στόλου ναύαρχος Οζντέν Ορνέκ και προέβλεπε πρόκληση κρίσης γύρω από βραχονησίδες στο Αιγαίο, οι οποίες αποκαλούνται στο έγγραφο *"νησιά, νησίδες και βραχονησίδες η κυριότητα των οποίων δεν έχει μεταβιβαστεί με συμφωνίες στην Ελλάδα"*. Σκοπός ήταν η πραγματοποίηση εκτεταμένης επιχείρησης με στόχο τη Λέρο, με τη συμμετοχή ναυτικών και αεροπορικών δυνάμεων. Έτσι, θα διασφαλιζόταν η αντίδραση της Ελλάδας και το ξέσπασμα της κρίσης" Γίνεται λόγος για τις Οινούσσες, με το σκεπτικό ότι *"οι Οινούσσες ελέγχουν από το βορρά το δίαυλο του Τσεσμέ κι από ανατολικά τη Χίο κι ως εκ τούτου θα προσφέρουν σημαντικό πλεονέκτημα απέναντι στην Ελλάδα".* Σε άλλο σημείωμα που φέρει την υπογραφή του αντιπλοίαρχου Ερντίν Ινάλ και συντάχθηκε τον Ιανουάριο του 2003 αναφέρεται ότι στη μονάδα που θα δημιουργηθεί για την επιχείρηση στα νησιά θα πάρει μέρος και μία ομάδα αμφίβιων καταδρομών..

Σχέδιο Βαριοπούλα και ... Δυτική Θράκη

Εισβολή στο Βόρειο Έβρο

Στα πλαίσια του «Σχεδίου Βαριοπούλα» προβλεπόταν εισβολή δυνάμεων της 1^η Στρατιάς στο Βόρειο Έβρο και αποκοπή του Νομού βορείως της πόλης του Διδυμοτείχου. Σκοπός ήταν η προέλαση των δυνάμεων με κατεύθυνση προς τα ελληνοβουλγαρικά σύνορα αποκόπτοντας το βόρειο μέρος του Νόμου έχοντας ως κάλυψη προς το Νότο τον παραπόταμο του Έβρου τον Ερυθροπόταμο/Ξηροπόταμο.

Παρακλάδια στη Δυτική Θράκη

Σε συνέντευξη του στο τηλεοπτικό σταθμό **Θράκη TV** ο πανεπιστημιακός Φάνης Μαλκίδης δηλώνει: *«Η Εργκενεγκόν και οι μέχρι τώρα αποκαλύψεις για τη δραστηριότητά της έδωσαν την ευκαιρία σε όσους είχαν αυταπάτες και ψευδαισθήσεις για τον τουρκικό ρόλο στη Θράκη να κατανοήσουν και στην πράξη ότι οι δομές του τουρκικού μηχανισμού, (κράτος, στρατός, παρακράτος), λειτουργούν σε πλήρη αρμονία και καθολική συνεργασία έχοντας σαν στόχους όχι μόνο μέσα στην τουρκική επικράτεια (στόχος δολοφονίας ο Οικουμενικός Πατριάρχης), αλλά και εκτός. Παράλληλα θεσμοί που απολαμβάνουν τη στήριξη αυτού του τριγώνου τρομοκρατικών δραστηριοτήτων όπως σύνδεσμοι, σύλλογοι και περιοδικά αλληλεγγύης προς τους «Τούρκους της Δυτικής Θράκης», αποτελούν κέντρα μυστικών υπηρεσιών, παράνομων και έκνομων πράξεων που αμφισβητούν και υποσκάπτουν την ακεραιότητα της Ελλάδας. Για παράδειγμα, το περιοδικό «Γενί Μπατί Τράκια» είναι ο μηχανισμός μέσω του οποίου το βαθύ κράτος ασχολείται με την Θράκη Στον κατάλογο των συλληφθέντων για την υπόθεση της Εργκενεγκόν, είναι και ο πρόεδρος του Εμπορικού Επιμελητηρίου της Άγκυρας **Σινάν Αϊγκιούν**, μέσω του οποίου πραγματοποιούνταν χρηματοδοτήσεις ψυχολογικών επιχειρήσεων στον χώρο της μειονότητας στη Θράκη. Ο εν λόγω επιχειρηματίας ήταν **χρηματοδότης του Σαδίκ στις αρχές της δεκαετίας του 1990** και την τελευταία φορά που επισκέφθηκε την Θράκη με ιδιωτικό αεροσκάφος δήλωσε με νόημα ότι την επόμενη φορά θα έλθει με πολλά αεροσκάφη...»* (Θράκη TV, 2/2011)

Η έφοδος στη Ναυτική Βάση Gölcük

Στις 7 Δεκεμβρίου 2010, η αστυνομία επιχείρησε έφοδο στο Ναυτική Βάση του Gölcük και βρήκε μεγάλο αριθμό CDs και εγγράφων με διαβάθμιση «εμπιστευτικό» κάτω από το πάτωμα του τμήματος Πληροφοριών. Μετά από εξέταση, τα CDs και τα έγγραφα που βρέθηκαν περιλαμβάνουν αντίγραφα του σχεδίου Βαριοπούλα καθώς επίσης και των επιμέρους σχεδίων « Μαύρο Τσαντόρ», «Κεραυνός» και «Γενειάδα». Τα έγγραφα στη ναυτική βάση κατασχέθηκαν αμέσως μετά από ένα ηλεκτρονικό μύνημα από μια ανώνυμη πηγή που υποστηρίζει ότι οι αξιωματικοί του Ναυτικού ξεφορτώνονταν τα εμπιστευτικά έγγραφα στη μονάδα υπηρεσίας πληροφοριών στη ναυτική εντολή Gölcük. Το υλικό κατατέθηκε στο Ποινικό δικαστήριο που εκδικάζει την υπόθεση. Μόλις πριν από λίγες μέρες με δικαστική απόφαση οι υπόδικοι προφυλακίστηκαν αυξάνοντας την πόλωση λίγους μήνες πριν τις εκλογές του 2011.Το 10ο Κακουργιοδικείο της Κωνσταντινούπολης στην απόφαση προφυλάκησης των 163 κατηγορουμένων στην υπόθεση Βαριοπούλα κάνει λόγο για ύπαρξη ισχυρών αποδεικτικών στοιχείων που καταδεικνύουν ενοχή.

.

Οι σχέσεις με το Ιράν

Πολλά διπλωματικά έγγραφα αναφέρονται στις Τουρκο-Ιρανικές σχέσεις και την προσέγγιση της Άγκυρας προς το καθεστώς της Τεχεράνης. Οι Αμερικανοί καταγράφουν την εξέλιξη των οικονομικών σχέσεων μεταξύ Τουρκίας και Ιράν τα τελευταία χρόνια (ιδιαίτερα μετά το 2007). Αρκετές επιχειρήσεις που κάνουν δουλειές με το καθεστώς της Τεχεράνης ανήκουν στο κλειστό κύκλο φίλων και συμμαθητών του Πρωθυπουργού Ερντογάν γεγονός που αυξάνει τις κατηγορίες περί καιροσκοπικών κινήσεων της κυβέρνησης του AKP.

Θα παρουσιάσουμε το πλαίσιο των Τουρκο-Ιρανικών σχέσων και θα εξηγήσουμε γιατί μία στρατηγική συνεργασία Τουρκίας – Ιράν είναι ανέφικτη.

Η γεωπολιτική του φυσικού αερίου

Τον Ιούλιο του 2007, η Τουρκία και το Ιράν υπέγραψαν Μνημόνιο Συνεργασίας (MOU) για τη μεταφορά 30 δις. κυβικών μέτρων ιρανικού και τουρκμενικού φυσικού αερίου στην Ευρώπη. Το Μνημόνιο προβλέπει την κατασκευή δύο ανεξάρτητων αγωγών φυσικού αερίου που θα ξεκινούν από το Ιράν και το Τουρκμενιστάν αντίστοιχα με προορισμό την Ευρώπη. Επιπλέον, στην κρατική Τουρκική εταιρία πετρελαίου (TPAO) θα χορηγηθούν άδειες εξόρυξης φυσικού αερίου στο νότιο Ιράν, η οποία έχει υπολογίσει τις συνολικές ποσότητες στα 14 τρις κυβικά μέτρα.

Οι Ηνωμένες Πολιτείες έχουν επικρίνει έντονα την συμφωνία. Η Ουάσιγκτον αντιτίθεται στις επενδύσεις στο Ιράν από τρίτες χώρες και ευνοεί τη μεταφορά τουρκμενικού αέριου από διαδρομές που αποφεύγουν το Ιράν. Εντούτοις, η κυβέρνηση Ερντογάν φαίνεται αποφασισμένη να συνεχίσει τις διαπραγματεύεις με το καθεστώς της Τεχεράνης. Υποστηρίζει ότι η Τουρκία πρέπει να διαφοροποιήσει τις πηγές ανεφοδιασμού της προκειμένου να αποφύγει την εξάρτηση από έναν προμηθευτή.

Το πυρηνικό Ιράν και η αντίδραση της Τουρκίας

Η Τουρκία θεωρεί το Ιράν φυσικό σύμμαχο στην πάλη της ενάντια στο αυτονομιστικό PKK και στο PJAK αλλά και στην προσπάθεια να διατηρηθεί η εδαφική ενότητα του Ιράκ. Η Τουρκία αντιτάσσει τη διάδοση των πυρηνικών όπλων στη Μέση Ανατολή και δεν θέλει το Ιράν να αποκτήσει πυρηνικές βαλιστικές ικανότητες.

Οι πυρηνικές φιλοδοξίες του Ιράν αποτελούν πηγή ανησυχίας για την Άγκυρα. Η Τουρκία δεν επιθυμεί τη γειτνίαση της με ένα εξτρεμιστικό καθεστώς στα ανατολικά σύνορα της. Οι ανησυχίες της επικεντρώνονται όχι τόσο στο φόβο μιας Ιρανική επίθεσης όσο στην περιφερειακή στρατιωτική ισορροπία και τους κινδύνους εξάπλωσης των πυρηνικών όπλων στη Μέση Ανατολή. Οι τούρκοι αξιωματικοί φοβούνται ότι ένα πυρηνικό Ιράν θα μπορούσε να ασκήσει αποσταθεροποιητική επίδραση στην περιοχή του Κόλπου γεγονός που θα υποχρέωνε την Τουρκία να λάβει τα αναγκαία αντίμετρα.

Πυρηνικές ΤΕΔ με Πακιστανική τεχνογνωσία;

Την τελευταία δεκαετία η Τουρκία επενδύει στην τεχνολογία πυραύλων μεσαίου και μεγάλου βεληνεκούς βασισμένη στην κινεζική τεχνολογία. Οι σημαντικές ποσότητες ουρανίου που βρίσκονται στην Τουρκία καθώς και η τεχνογνωσία των Τουρκικών επιχειρήσεων που συμμετείχαν στο παράνομο δίκτυο του Πακιστανού πυρηνικού καθηγητή Αμπντούλ Καντέρ Καν (*πατέρας της Πακιστανικής ατομικής βόμβας*) αυξάνουν τους φόβους για τη δυνότητα της Τουρκίας να δρομολογήσει αυτόνομο πυρηνικό πρόγραμμα στρατιωτικού χαρακτήρα.

Το 2013 θα αρχίσει η κατασκευή του πυρηνικού εργοστασίου στο Ακκυυ της Μερσίνης, κατόπιν διακρατικής συμφωνίας που υπέγραψαν οι πρωθυπουργοί της Τουρκίας και Ρωσίας στις αρχές του 2010. Με βάση τον προγραμματισμό μέχρι το 2021 θα έχουν κατασκευαστεί 3 αντιδραστήρες.

Η μεταφορά τεχνογνωσίας από το Πακιστάν στην Τουρκία με τη ενεργή συμμετοχή του στρατιωτικού κατεστημένου του Ισλαμαμπάντ θεωρείται το πιθανότερο σενάριο σε περίπτωση που οι ΤΕΔ αξιολογήσουν ότι το νέο ισοζύγιο δυνάμεων μεταξύ Τουρκίας και Ιράν απαιτεί την δρομολόγηση πυρηνικοποίησης της Τουρκίας. Η τελευταία επίσκεψη του Τούρκου Α/ΓΕΕΘΑ Κόσανερ στο Ισλαμαμπάντ (Μάιος 2010) ήταν ενδεικτική των προθέσεων των Τούρκων στρατηγών για εμβάθυνση των στρατηγικών σχέσεων με τους πασάδες του Πακιστάν.

Η στρατηγική σχέση Τουρκίας – Ιράν δεν είναι εφικτή

Ο γεωπολιτικός ανταγωνισμός μεταξύ Τουρκίας και Ιράν καθιστά ανέφικτη τη δημιουργία στρατηγικού άξονα. Ακόμα και αν δημιουργηθεί στο μέλλον Συμβούλιο Στρατηγικής Συνεργασίας Τουρκίας – Ιράν θα περιοριστεί σε θέματα χαμηλής πολιτικής.

Οι λόγοι είναι οι εξής:

Α) Η Τουρκία ιστορικά και στα πλαίσια του «Στρατηγικού Βάθους» του Αχμέτ Νταβούτογλου παρουσιάζεται ως η κοιτίδα και ο προστάτης του Σουνιτικού Ισλάμ. Αντίθετα το Ιράν αποτελεί το προπύργιο του Σιιτικού Ισλάμ. Ο ανταγωνισμός μεταξύ Τουρκίας και Ιράν για σφαίρες επιρροής στον ευρύτερο Μουσουλμανικό κόσμο θα εντείνεται όσο τα Αραβικά αυταρχικά κοσμικά καθεστώτα θα ανατρέπονται είτε από τις ΗΠΑ (περίπτωση Ιράκ, Αφγανιστάν) είτε από το αραβικό πεζοδρόμιο. Ήδη στο Ιράκ, η Τουρκία στήριξε το σουνιτικό μπλοκ Αλάουι έναντι του φιλο-ιρανού Αλ Μαλίκι στις πρόσφατες κοινοβουλευτικές εκλογές. Στο Αφγανιστάν η Τουρκία υποστηρίζει τους Σουνίτες Παστούν ενώ το Ιράν στηρίζει τους Σιίτες Χαράρα.

Β) Στην Κεντρική Ασία η Τουρκία μέσω του εκπαιδευτικού δικτύου του Φετουλάχ Γκιουλέν αλλά και της σημαντικής επιχειρηματικής της παρουσίας προσπαθεί να ανακόψει την επιρροή της Τεχεράνης. Το Ιράν επιθυμεί να γίνει κόμβος μεταφοράς του φυσικού αερίου της Κεντρικής Ασίας προς την Ευρώπη.

Τα Τουρκο-Ιρανικά Σύνορα ...μπάζουν νερά

Σε Αμερικανικό διπλωματικό έγγραφο (29/07/2009, Διαβάθμιση Απόρρητο) που συνέταξαν Οικονομικοί Σύμβουλοι της Αμερικανικής Πρεσβείας (στην Άγκυρα) καταγράφονται οι υποδομές και οι πρακτικές ελέγχου φυσικών προσώπων και οχημάτων που διασχίζουν καθημερινά τα σύνορα Τουρκίας – Ιράν. Είναι ενδεικτικό ότι οι έμποροι ηρωίνης νιώθουν «σαν το σπίτι τους» καθώς οι συνοριακοί κατασταλτικοί μηχανισμοί λειτουργούν με ανεπαρκή υλικά μέσα και προσωπικό. Η κατάσταση δεν είναι διαφορετική στα Τελωνεία της Χίου και Σάμου όπου ο οποιοσδήποτε μπορεί να εισάγει ναρκωτικές ουσίες από την Τουρκία δίχως κανένα έλεγχο. Ο γράφων έχει διασχίσει τόσο το συνοριακό πέρασμα Τσεσμέ – Χίος όσο και Κουσάντασι – Σάμος όπου ενώ οι Τούρκοι διαθέτουν ανιχνευτές μετάλλων, η «Ευρωπαική» Ελλάδα θυμίζει τριτοκοσμική χώρα.

Επίλογος

Τα διπλωματικά έγγραφα για την Τουρκία μας επιτρέπουν όχι μόνο να εμβαθύνουμε την έρευνα για τους παράγοντες που διαμορφώνουν την εσωτερική δυναμική της Τουρκίας αλλά και να κατανοήσουμε τις προτεραιότητες που θέτει η ηγετική ελίτ (κοσμική και ισλαμική) τόσο στις σχέσεις της με τη διεθνή κοινότητα όσο και στις διμερείς μας σχέσεις.

Γίνεται πλέον σαφές ότι η Τουρκία επιδιώκει μέσω των εξαγωγών της να ενταχθεί στις δέκα πλουσιότερες χώρες του κόσμου μέχρι το 2023. Η οικονομική της ανάπτυξη θα οδηγήσει στην άσκηση μιας παρεμβατικής εξωτερικής πολιτικής προκειμένου να προασπίσει τα συμφέροντα της σε όλο το κόσμο. Παράλληλα θα επιδιώξει να έχει θεσμικό ρόλο σε υπερεθνικές δομές όπως το G20 ή το Συμβούλιο Ασφαλείας του ΟΗΕ. Οι ισχυρές Ένοπλες Δυνάμεις αποτελούν συνειδητή επιλογή όχι μόνο του Κεμαλικού κατεστημένου αλλά και του «Στρατηγικού Βάθους» του Τούρκου ΥΠΕΞ Νταβούτογλου καθώς εντάσσονται στην στρατηγική για τη Τουρκία του 21^{ου} αιώνα.

Η ανατροπή των αυταρχικών καθεστώτων στον Αραβικό και μουσουλμανικό κόσμο ενισχύει την εικόνα της σύγχρονης Τουρκίας ως μοντέλου διακυβέρνησης. Τα ισλαμιστικά πολιτικά κινήματα θα υιοθετήσουν την φρασεολογία και την τακτική του ΑΚΡ προκειμένου να επιβιώσουν στην νέα εσωτερική σκηνή των χωρών τους.

Ο **Henri J. Barkey**, ερευνητής στο Carnegie Endowment for International Peace, θεωρεί ότι *«ότι η νέα εποχή στη Μέση Ανατολή έχει θετικές και αρνητικές συνέπειες για την Τουρκία. Αφ' ενός, μπορεί να εμφανιστεί ότι ενισχύεται η θέση της Τουρκίας στην περιοχή, όμως δεν πρέπει να ξεχάσουμε ότι η Τουρκία τήρησε σιωπηρή στάση για την υπόθεση της Τυνησίας ενώ άλλαξε στάση μόνο όταν ο Μουμπάρακ παραιτήθηκε. Υπάρχουν δύο ζητήματα που θα πρέπει να ανησυχούν την Τουρκία. Το πρώτο ζήτημα είναι οικονομικό. Η αστάθεια στην Αίγυπτο δεν είναι καλή για τις τουρκικές επιχειρήσεις που έχουν επενδύσει στην Αίγυπτο και αλλού και ελπίζει να αυξήσει τις εξαγωγές της σε εκείνη την περιοχή. Εάν η αναταραχή συνεχιστεί, θα τινάξει περαιτέρω την αιγυπτιακή οικονομία και θα βλάψει τα τουρκικά επιχειρηματικά συμφέροντα. Το άλλο οικονομικό μειονέκτημα είναι η τιμή του πετρελαίου, η οποία ξεπέρασε $90 ανά βαρέλι στη Νέα Υόρκη και σε πάνω από $100 ανά βαρέλι στο Λονδίνο. Η Τουρκία εισάγει όλο το πετρέλαιο που καταναλώνει. Ποια θέση η τουρκική κυβέρνηση θα υποστηρίξει;»*

Ο **Ömer Taşpınar** από το Brookings Institution συμφωνεί ότι *«Η Τουρκία θα είναι πολύ δημοφιλής χώρα ως πρότυπο στα μάτια του αιγυπτιακού λαού. Η Τουρκία θα ωφελούνταν βεβαίως από τον εκδημοκρατισμό στην περιοχή. Η ήπια δύναμη της Τουρκίας θα αυξηθεί περαιτέρω στα μάτια των αληθινά δημοκρατικών αραβικών καθεστώτων. Στο μεταξύ, η Τουρκία γνωρίζει επίσης ότι το καθεστώς δεν θα εξαφανιστεί εύκολα. Ήταν λάθος για την Τουρκία να μην πει τίποτα για την υπεράσπιση της δημοκρατίας και των ανθρώπινων δικαιωμάτων όταν ήταν η ιρανική αντιπολίτευση βγήκε στους δρόμους της Τεχεράνης διαμαρτυρόμενη ενάντια στις ψευδείς εκλογές. Σήμερα, η Τουρκία είναι πιό επικριτική με το καθεστώς του Mubarak -- αλλά μόνο αφού συνειδητοποίησε η Άγκυρα ότι το καθεστώς του Mubarak φτάνει στο τέλος του. Πρόκειται για καιροσκοπία. Επιθυμώ από τον Ερντογάν να είναι πιο συνεπής στην υποστήριξή του για τη δημοκρατία στην περιοχή.»*

Ο **Gönül Tol** από το Ινστιτούτο Μέσης Ανατολή (MEI) προβλέπει ότι *«η Τουρκία έχει έναν σημαντικότερο ρόλο να διαδραματίσει στην αναδυόμενη Μέση Ανατολή εκτός από αυτόν του* *μεσολαβητή. Πέρυσι, είδαμε τις δημοσκοπήσεις να δείχνουν μεγάλη υποστήριξη για τον πρωθυπουργό Ερντογάν. Είναι πολύ δημοφιλής στους Άραβες πολίτες. Μερικοί άνθρωποι στην Ουάσιγκτον είπαν ότι ο αραβικός κόσμος κυβερνιέται από τα καθεστώτα και τους ηγέτες του και όχι από το λαό. Οι πρόσφατες κινητοποιήσεις έχουν αποδείξει ότι αυτό είναι αναληθές».*

Οι χαμένοι αυτών των αλλαγών θα είναι το Ισραήλ και οι κοσμικοί κύκλοι των αραβικών κρατών που επιβιώναν υπό την προστασία στρατοκρατικών καθεστώτων. Στην νέα εποχή που δημιουργείται η Τουρκία θα διευρύνει τη σφαίρα επιρροής της στο Μουσουλμανικό κόσμο και θα καταστεί εκπρόσωπος αυτού στο διεθνές στερέωμα. Οι εταιρίες μέλη των Ισλαμικών επιχειρηματικών ενώσεων όπως η MUSIAD και η TUSKON θα αξιοποιήσουν στο μέγιστο βαθμό τα δημοκρατικά ανοίγματα στον Αραβικό κόσμο προκειμένου να επενδύσουν μαζικά στις νέες αγορές που θα προκύψουν. Τουρκικά κεφάλαια θα επενδυθούν μαζικά στους τομείς της οικονομίας που θα αποκρατικοποιηθούν οδηγώντας στην «οικονομική αλληλεξάρτηση» που πάντα ονειρευόταν ο Αχμέτ Νταβούτογλου.

Και η Ελλάδα;

Η εκλογή Σημίτη στην ηγεσία του ΠΑΣΟΚ (και την Πρωθυπουργία) στα τέλη του 1995 σηματοδότησε τη ρήξη με την πατριωτική αντίληψη που χαρακτήριζε την οργανωμένη βάση και την κοινοβουλευτική ομάδα του τότε κυβερνώντος κόμματος. Τα αποτελέσματα της ρήξης είναι γνωστά: Ίμια (1996), Μαδρίτη (1997), S-300 (1998), Οτσαλάν (1999), διερευνητικές επαφές (1999-2004).

Ως αντίδραση στις εν λόγω επιλογές της εκσυγχρονιστικής ομάδας Σημίτη δημιουργήθηκε το Δίκτυο 21 (1997). Η συνύπαρξη ετερόκλητων προσωπικοτήτων του ακαδημαϊκού, πολιτικού, δημοσιογραφικού και πνευματικού κόσμου (στο Δίκτυο 21) οδήγησε άμεσα αρκετά μέλη αυτού είτε να αποχωρήσουν οικειοθελώς είτε να απομονωθούν από τους υπόλοιπους. Τα ονόματα και οι περιστάσεις καταγράφονται σε άρθρα του Τύπου της εποχής. Για πολλούς δε (εχθρούς και φίλους) του Δικτύου 21, η όλη πρωτοβουλία θεωρήθηκε και σωσίβιο επιβίωσης του Αντώνη Σαμαρά ο οποίος διέσχιζε την «πολιτική έρημο» λόγω του …1993.

Αυτά είναι λίγο-πολύ γνωστά στο μέσο Έλληνα πολίτη που παρακολουθεί εξ αποστάσεως τα πεπραγμένα της Δημόσιας ζωής. Όσοι όμως ασχολούνται συστηματικά με τα Εθνικά θέματα (και την εξωτερική πολιτική της Ελλάδος) γνωρίζουν ότι η ανάδειξη Σαμαρά στην ηγεσία της ΝΔ έθεσε σε τροχιά εξουσίας τον πατριωτικό χώρο ο οποίος ασφυκτιούσε την περίοδο 1996-2009 λόγω των πολιτικών επιλογών του «μεσαίου χώρου» των Σημίτη – Καραμανλή στα Εθνικά θέματα και όχι μόνο.

Ο πατριωτικός χώρος σήμερα προσπαθεί να αναδομηθεί και να ορίσει τις προγραμματικές του προτεραιότητες και «κόκκινες γραμμές». Είναι ήδη αργά;

Δυστυχώς η περίοδος 1996-2009 δεν οδήγησε στη ίδρυση ενός Ιδρύματος Ερευνών ή τουλάχιστον ενός Κέντρου Μελετών το οποίο θα επεξεργάζεται προτάσεις πολιτικής και θα εκπονεί μελέτες επί σειράς Εθνικών θεμάτων *(δημογραφικό, μετανάστευση, φυσικοί και ενεργειακοί πόροι, εξοπλιστικά και αμυντική βιομηχανία, στρατιωτική θητεία, πανεπιστημιακή έρευνα, εγκληματικότητα, εξαγωγική πολιτική κ.α)*. Μελέτες οι οποίες θα εκπονούνται από πανεπιστημιακούς σε συνεργασία με Ιδρύματα του εξωτερικού όπου θα συγκρίνονται εμπειρίες άλλων χωρών και θα προσαρμόζονται εφαρμοσμένες πολιτικές στα Ελληνικά δεδομένα και ιδιαιτερότητες.

Το αποτέλεσμα ήταν κραυγές και λαϊκίστικες κορώνες που προέρχονταν από εξωκοινοβουλευτικές εθνικιστικές ομάδες να οδηγήσουν σταδιακά στην ταύτιση εθνικιστικού και πατριωτικού χώρου με ταυτόχρονη απαξίωση του δεύτερου. Ο πατριωτικός λόγος χαρακτηρίστηκε είτε ως ακραίος είτε ως γραφικός.

Τα στελέχη του πατριωτικού χώρου περιορίστηκαν στην συγγραφή άρθρων και *(στην αμπελοφιλοσοφία)* μέσω ιστοσελίδων και ιστολογίων καθώς η φωνή τους δεν έβρισκε διέξοδο στον κατεστημένο έντυπο και ηλεκτρονικό Τύπο.

Κάποιοι άλλοι εξελίχθησαν σταδιακά σε γραφικούς «επαγγελματίες πατριώτες» μέσω της έκδοσης βιβλίων και εντύπων για «ιθαγενείς τριτοκοσμικού κράτους». Εν ολίγοις η Ελληνοφρένεια μόλυνε και τον πατριωτικό χώρο. Αναμένουμε την ανασυγκρότηση της πριν δούμε Τουρκικό μπαϊράκι στο Αγαθονήσι...

Διεθνής Βιβλιογραφία

Bardakoğlu, Ali, *Religion and Society: New Perspectives from Turkey,* Ankara: Presidency of Religious Affairs, 2006.

Birand, Mehmet Ali, *The Generals' Coup in Turkey,* London: Brassey's Defense Publishers, 1987.

Carkoğlu, Ali, and Binnaz Toprak, *Değışen Turkiye'de Din, Toplum ve Siyaset,* Istanbul: TESEV, 2006.

Davutoğlu, Ahmet, *Stratejik Derinlik Turkiye 'nin Uluslararasi Konumu,* Istanbul: Kure Yayinlari, 2001.

Ergil, Doğu, *Secularism in Turkey: Past and Present*, Ankara: Turkish Foreign Policy Institute, 1995.

Heper, Metin, and Ahmet Evin*, State, Democracy and the Military: Turkey in the 1980s,* Berlin/New York: Walter de Gruyter, 1988.

Kinross, Lord, *The Ottoman Centuries: The Rise and Fall of the Turkish Empire*, New York: Morrow Quill, 1977.

Kinzer, Stephen, *Crescent and Star: Turkey Between Two Worlds*, New York: Farrar, Straus and Giroux, 2001.

Lewis, Bernard, *The Emergence of Modern Turkey,* 2nd ed., London: Oxford University Press, 1968.

Mango, Andrew, *Ataturk*, New York: The Overlook Press, 1999.

Ozcan, Huseyin, *Alevi-Bektaşi: Kulturune Bakışlar*, Istanbul: Horasan Yayınları, 2003.

Roy, Oliver, *Globalized Islam: The Search for a New Ummah*, New York: Columbia University Press, 2006.

Rubin, Barry, *Political Parties in Turkey*, London: Frank Cass and Company Ltd., 2002.

Rubin, Barry, and Kemal Kirişci (eds.), *Turkey in World Politics: An Emerging Multiregional Power,* Boulder, CO: Lynne Rienner Publishers, 2001.

Toprak, Binnaz, *Islam and Political Development in Turkey*, Leiden, The Netherlands: E. J. Brill, 1981.

Unal, Ali, and Alphonse Williams (eds.), *Advocate of Dialogue: Fethullah Gulen,* Fairfax, VA: The Fountain, 2000.

White, Jenny B., *Islamic Mobilization in Turkey: A Study in Vernacular Politics,* Seattle and London: University of Washington Press, 2002.

Cerrah, İbrahim; Eryılmaz, M. Bedri (prepared for publication by), European Police Code of Ethics and Explanatory Notes [*Avrupa Polis Etiği Yönetmeliği & Açıklayıcı Notlar*] (Ankara: Security Sciences Institute Publications, 2001).

Cizre, Ümit (ed.): Almanac Turkey 2005: Security Sector and Democratic Oversight [*Almanak Türkiye 2005 Güvenlik Sektörü ve Demokratik Gözetim*] (İstanbul: TESEV Publications, 2006).

Clasius, Marlies; Kaldor, Mary (ed.): *A Human Security Doctrine For Europe* (Londra: Routledge, 2004).

Dahl, Robert: *Controlling Nuclear Weapons* (Syracuse, NY: Syracuse University Press,1985).

Demir, Ali Faik: Leaders in Turkish Foreign Policy [*Türk Dış Politikasında Liderler*] (İstanbul: Bağlam, 2007).

Desch, Michael C.: *Civilian Control of the Military: The Changing Security Environment* (Baltimore, MD: Johns Hopkins University Press, 1999).

Kazancıgil, Ali; Özbudun, Ergun (ed.), *Atatürk: Founder of a Modern State* (C.Hurst & Company, 2006)

Kerse, Ahmet: Legislation of the Military Judiciary [*Askeri Yargı Mevzuatı*] (İstanbul: 1964).

Kılıç, Ecevit: Special War Office [*Özel Harp Dairesi*] (İstanbul: Turkuvaz, 2008).

Kili, Suna; Gözübüyük, A. Şerif: Turkish Constitutions: From the Bill of Alliance to Present Day [*Türk Anayasa Metinleri: Senedi*

İttifaktan Günümüze] (Türkiye İş Bankası Yayınları, 2006). Commission: National Security Intelligence (Ankara:MEB,2007).

Kunter, Nurullah: Code of Criminal Procedure [*Ceza Muhakemesi Hukuku*] (İstanbul: 1981).

Kunter, Nurullah; Feridun Yenisey; Ayşe Nuhoğlu: The Code of Criminal Procedure Within the Framework off Procedural Law [*Muhakeme Hukuku Dalı Olarak Ceza Muhakemesi Hukuk*](İstanbul: Arıkan, 2006).

Kurban, Dilek vd. (ed.): Coming to Terms with Forced Migration: Post-Displacement Restitution of Citizenship Rights in Turkey [*Zorunlu Göç" ile Yüzleşmek: Türkiye'de Yerinden Edilme Sonrası Vatandaşlığın İnşası*] (İstanbul: TESEV, 2nd edition, 2008).